Moïse ILOKO KITUMBAMOYO

Les 20 moyens QUE LE DIABLE USE POUR DETRUIRE LES SERVITEURS DE DIEU

Moïse ILOKO KITUMBAMOYO

Les 20 moyens QUE LE DIABLE USE POUR DETRUIRE LES SERVITEURS DE DIEU

Éditions Croix du Salut

Imprint

Cover image: www.ingimage.com

Publisher:
Éditions Croix du Salut
is a trademark of
Dodo Books Indian Ocean Ltd., member of the OmniScriptum S.R.L Publishing group
str. A.Russo 15, of. 61, Chisinau-2068, Republic of Moldova Europe
Printed at: see last page
ISBN: 978-620-3-84266-1

Evangéliste
Moïse ILOKO KITUMBAMOYO

LES 20 MOYENS
QUE LE DIABLE USE
POUR DETRUIRE
LES SERVITEURS DE DIEU

« Prenez nous les renards, les petits retards qui ravagent les vignes, car nos vignes sont en fleur.»

Cantique 2:15

«A cause de la montagne de Sion qui est désolée: les renards s'y promènent»

Lamentations 5:18

AVANT-PROPOS

Par la grâce de Dieu, cela fait d'ores et déjà 7 ans que j'exerce le ministère évangélique ; et suite à ma petite expérience ministérielle, j'ai discerné 20 moyens que le diable use pour détruire les serviteurs de Dieu.

On dit « qu'il vaut mieux prévenir que guérir. » C'est juste ! Lorsqu'on sait après quoi et comment se mettre en garde, la possibilité pour Satan de nous faire tomber s'en trouve sérieusement réduite.

Par serviteur de Dieu; je m'adresse particulièrement aux personnes appelées aux cinq ministères du perfectionnement des saints selon Ephésiens 4:11. (Ministère apostolique, prophétique, doctoral, pastoral et évangélique).

La Bible nous dit que tout ce qui a été écrit l'a été pour notre instruction afin que nous ne commettions pas les erreurs que les anciens ont commises (1 Corinthiens 10 : 6).

***

INTRODUCTION

Il est sans ignoré que l'objectif du diable est celui de détourner l'attention des serviteurs de Dieu[1] par sa ruse[2] de l'appel qu'ils ont reçu de Dieu, de la mission que Dieu les a confié qui est celle du perfectionnement des saints. Pour y arriver, le diable use de divers moyens.

Tant des serviteurs de Dieu commencent si bien mais finissent mal. Cela fait que plusieurs sont des « **I-kabod** », signifiant en hébreux des vides spirituels ou absence de la gloire de Dieu.

Dans le ministère, il y a deux sortes de chutes:

1) La première est spectaculaire comme celle de Samson: Il coupé les cheveux, il est capturé, il est crevé les yeux et c'est fini de son règne, pour son ministère[3]. C'est une chute visible, perceptible par le monde.
2) Quant à la deuxième, elle est plutôt subtile. Le serviteur de Dieu peut continuer à exercer son ministère sans que personne ne sache que Dieu l'a désavoué. C'est le cas du roi Saül.
   En effet Saül a continué à être roi quand bien même Dieu l'avait rejeté. Il continua ainsi à prendre des décisions qui mettaient souvent le peuple en danger. C'est d'ailleurs la

---

[1] Par serviteur de Dieu, je fais allusion aux apôtres, docteurs, prophètes, pasteurs et évangélistes.

[2] La ruse ou la séduction tire ainsi son origine du diable qui incarnait le serpent. Le verbe «séduire» ici en grec est «exapatao» et signifie littéralement «tromper complètement», «décevoir» ou «abuser».

[3] Juges 16

plus dangereuse des chutes, parce un serviteur de Dieu failli peut égarer plusieurs personnes souvent sans se rendre compte lui-même que Dieu n'est plus dans ce qu'il fait.

Le diable est très rusé, il est toujours à la quête de la moindre porte ouverte pour faire tomber les fidèles serviteurs de l'Eternel.

Pierre nous a mis en garde contre celui qui « rôde comme un lion rugissant, cherchant qui dévorer [4]». Jésus a dit qu'il *« ne vient que pour voler, tuer et détruire* [5]». Paul décrit ses attaques comme *« des traits enflammés* [6]».

C'est la raison d'être de ce merveilleux livre qui se trouve entre vos mains. Je vous prie de prendre un sérieux temps de lecture afin d'y découvrir un trésor capable de bouleverser votre ministère.

---

[4] 1 Pierre 5.8
[5] Jean 10.10
[6] Éphésiens 6.16

1er MOYEN

L'ORGUEIL DU MINISTERE

Satan est prêt à nous proposer toutes sortes de postes élevés aux yeux des hommes, toutes sortes de motivations destinées à satisfaire notre ego pour nous détourner de l'humilité dans l'œuvre de Dieu.

L'orgueil est le plus grand piège auquel les serviteurs de Dieu sont confrontés.

Par définition, un orgueilleux est une personne qui aime se justifier lorsqu'il commet un forfait. C'est aussi le fait de se vanter d'avoir aidé les gens avec ses biens.

Entant que serviteur de Dieu, nous devons faire attention à nos dons spirituels, le statut de notre ministère, les succès que Dieu nous accorde et même notre caractère car ils peuvent être de sources d'orgueil. Celui qui veut plaire au Seigneur doit lutter contre le piège du diable.

« Plus on a du succès, plus on est exposé à l'orgueil. On oublie le plus souvent d'où nous venons, en nous attribuant le mérite de ce que Dieu nous a donné ».

La Bible nous dit dans Jacques 4 :6: « ***Dieu résiste aux orgueilleux*** *et fait grâce aux humbles* ».

2 Samuel 22 :28 « *Tu sauves le peuple qui s'humilie, et de Ton regard,* ***Tu abaisses les orgueilleux*** ».

Il y a des serviteurs de Dieu qui par orgueil, regardent les autres ministres de Dieu comme des moins spirituels, des incapables et des incompétents.

- **Témoignage**: Par la grâce de Dieu, à l'âge de 21 ans je servais déjà Dieu entant qu'évangéliste. Je me rappelle, en 2019, j'étais invité dans une église de réveil, je m'étais présenté en qualité d'évangéliste. Mais à ma grande surprise, tous les temps que j'avais eu à passer dans cette communauté, j'avais jamais reçu la chaire pour apporter la parole de Dieu, ni être fréquenté de près par d'autres serviteurs de Dieu… cela m'avait rendu triste.
  C'est plus tard que je comprendrais que ses serviteurs souffraient d'un complexe de supériorité. Ils me voyaient comme un jeune qui doit encore apprendre, qui ne méritait pas la chaire ni les premiers rangs des serviteurs de Dieu.

L'orgueil spirituel fait que plusieurs serviteurs de Dieu cherchent à faire prévaloir leurs propositions et visions, à monopolise la parole dans une assemblée, à négligent les prophéties des autres.

Par l'orgueil spirituel, certains serviteurs de Dieu sont prêt à dire **«c'est mon église, c'est moi le responsable. Ma vision est la bonne. Point final»**. Dire ainsi, c'est manifeste de la dictature et de l'orgueil. Un moyen que le diable use parmi les serviteurs de Dieu.

C'est pourquoi, plusieurs églises locales ne sont plus de Jésus-Christ mais ont été détourné par des apôtres et des pasteurs…

L'orgueil spirituel provoque des divisons et des querelles. Je crois même que c'est l'une des raisons de multiplicité des églises locales.

Dans une eglise, lorsque le pasteur se comporte comme un monarque absolu, comme une personne qui imposte sa décision, il perdra la considération, le respect que ses collègues ministériels avec à son égard.

« Plusieurs Pasteurs n'arrivent pas à poursuivre une vision reçue de Dieu dans l'eglise locale qu'ils dirigent parce qu'ils ne sont pas en accord avec leurs collègues ministériels. D'autres par orgueil, imputent de force leurs visions. Le diable aime ses choses ».

- **Témoignage:** Il y a des années, j'avais une vision un séminaire biblique d'évangélisation pour la jeunesse dans l'eglise locale où je communie. J'ai échangé avec les serviteurs de Dieu mais ils n'étaient pas d'accords avec moi. J'ai fait les choses à ma manière mais au finish, j'avais échoué parce que j'allais seul, sans l'accompagnement des autres serviteurs. Ils étaient contre mon projet et par orgueil, je voulais aussi démontrer que je peux sans eux... Mais j'avais échoué totalement.

Lorsqu'une vision est poursuivie avec orgueil, le Saint-Esprit s'écarte. Plusieurs pasteurs qui ont fait faillite à cause de cela. D'ailleurs, ce n'est pas parce qu'un projet réussit que cela veut dire que Dieu a été avec vous.

« Toute œuvre de Dieu motivée par l'orgueil est faite pour la gloire de satan et non de Dieu ».

L'œuvre de Dieu nécessite de l'humilité spirituelle. Ainsi, tout serviteur de Dieu doit savoir:

- Premièrement: nos ministères, compétences, nos dons spirituels, etc **doivent être exercé avec humilité**.
- Deuxièmement: nous devons reconnaître que **nous ne pouvons pas fonctionner sans les autres.**

J'aime souvent citer l'histoire du Roi Ozias. Dans 2 Chroniques 26 verset 1 et suivants, la Bible nous dit qu'Ozias à l'âge de seize ans, il devint roi à la place de son père Amatsia.

Au verset 4 il est dit: « *Et il fit ce qui est droit aux yeux de l'Eternel, selon tout ce qu'avait fait Amatsia, son père. Et il rechercha Dieu pendant les jours de Zacharie, qui avait l'intelligence des visions de Dieu ; et pendant les jours où il rechercha l'Eternel, Dieu le fit prospérer*» (Bible version Darby).

Ozias, lorsque son père décéda, il devint roi à la place de son père. Il imitait la conduite de son père. Et même après la mort de son père, il y avait même une personne appelée Zacharie à ses côtés qui lui rappelait la crainte de Dieu.

Mais ce qui est regrettable dans l'histoire du roi Osias, c'est la manière dont il a fini sa mission. Un homme qui a bien commencé mais qui a mal fini à cause de l'orgueil.

La Bible dit, « *Mais quand (Ozias) fut devenu fort, son cœur s'éleva jusqu'à le perdre, et il pécha contre l'Éternel, son Dieu, et entra dans le temple de l'Éternel pour faire fumer l'encens sur l'autel de l'encens. …* » 2 Chroniques 26:16.

Au verset 21 la Bible dit: « ***Et le roi Osias fut lépreux jusqu'au jour de sa mort*** *; et il habita, lépreux, dans une maison d'isolement (en quarantaine),* ***car il fut exclu de la maison de l'Eternel.*** »

Osias avait bien commencé mais il a mal fini. Il est mort dans un état de disgrâce, de défaveur, de discrédit à cause de l'orgueil.

« Comme il l'a fait avec le Roi Ozias, le diable utilise toujours l'orgueil de l'onction, de la connaissance… pour détruire les serviteurs de Dieu ».

2EME MOYEN

L'ISOLEMENT, L'AUTONOMIE OU L'AUTOSUFFISANCE

Plusieurs serviteurs de Dieu ont cessés de dépendre de Dieu qui pourvoit. Au lieu de s'attacher au Saint-Esprit, ils s'isolent, se rendent autonome et comptent sur leurs atouts : personnalité, expérience, intelligence, compétences en leadership, théologie, etc.

Lorsqu'un serviteur de Dieu se détache donc de l'olivier et ne peut plus produire des fruits. Le fruit de l'olivier est l'olive et le fruit de l'olive est l'huile. Dans la parabole des dix vierges de Matthieu 25, le manque d'huile a fait rater l'enlèvement aux cinq vierges folles. Elles n'avaient pas pris de l'huile en réserve, c'est-à-dire qu'il leur a manqué le Saint-Esprit, le brisement et les fruits de l'Esprit (Galates 5:22). Les cinq vierges sages partirent avec le Seigneur parce qu'elles avaient de l'huile en réserve autrement dit, elles manifestèrent les fruits de l'Esprit dans leur vie. Or, c'est par le Saint-Esprit que nous produisent le fruit de l'esprit du Saint-Esprit.

« Tout serviteur de Dieu doit s'attacher au Saint-Esprit. Un serviteur de Dieu qui se rend autonome dans le ministère, s'écarte du ministère. Il n'y a pas de ministère isolé, autonome ou l'autosuffisant ».

Ce n'est qu'alors que nous demeurons en Jésus, dépendant pleinement de lui, que nous pouvons « ***porter beaucoup de fruit*** » Jean 14.4-5.

Le diable use de l'isolement, l'autonome ou l'autosuffisance afin de détacher plusieurs serviteurs de Dieu au Saint-Esprit et de rendre leurs ministères infructueuses.

L'autosuffisance limite tellement l'œuvre de Dieu dans nos vies. L'autosuffisance rend plusieurs ministères stagnant.

« Plusieurs serviteurs de Dieu ne manifestent plus la puissance dans leur ministère parce qu'ils ont abandonné la vie de prière, d'intercession, de jeûne, de méditation, de la sanctification, de l'amour… pour s'attacher à leurs expériences ministérielles ».

3EME MOYEN

UN SERVITEUR DE DIEU
«SUPERMAN»

Certains serviteurs de Dieu en particulier ceux qui exercent le ministère pastoral aiment prendre sur eux toutes les responsabilités du ministère. Ils ne veulent pas coopérer avec les autres ministres de Dieu œuvrant dans l'eglise locale. Ils aiment porter toute l'œuvre de Dieu comme un véritable fardeau jusqu'en s'oubliant eux-mêmes ainsi que leur famille.

Les serviteurs superman sont à tout temps dans l'eglise, dans les jeûnes, dans la prière, ils prêchent, ils modèrent, ils réparent l'installation de l'eglise... ils sont partout sauf nulle part. Je les appelle **«des serviteurs de Dieu: voiture 4X4»**

Il est vrai que certaines urgences dans l'œuvre de Dieu peuvent exiger des heures de travail ardu et d'assumer plusieurs responsabilités mais cela est tres dangereux et peut être un moyen du diable pour vous affaiblir rapidement en vous rendant un serviteur de Dieu superman. En fin de compte, vous allez être fatigué, parfois même irrité.

« Les serviteurs de Dieu "superman" perdent le contact avec leurs familles en négligeant leurs besoins ».

Pendant son ministère, Jésus-Christ acceptait les limites de la dimension humaine de sa nature et appréciait le besoin de repos et de ressourcement. Jésus-Christ savait prendre le repos, il n'avait pas un ministère de superman. C'est pourquoi, il s'est même choisi 12 disciples, pour alléger l'exercice de son ministère.

« Les serviteurs de Dieu superman finissent par se fatiguer par manque de repos ».

Jésus-Christ a dormi dans une barque pendant une grosse tempête. Il s'est souvent retiré seul pour des temps prolongés dans la prière. Il a aussi passé du temps avec ses amis Lazare, Marthe et Marie.

Si Jésus-Christ était conscient de ses limites humaines, à combien plus forte raison devrions-nous réaliser les nôtres?

La ruse du diable est celui de faire qu'un serviteur de Dieu consacre tout son temps au ministère en oubliant autres choses. Tout serviteur de Dieu doit avoir un temps suffisant de repos après un service. Ne cherche pas à prouver à Dieu que vous vous donner plus à son ministère que lui-même. J'appelle cela **«l'équilibre du ministère».**

Les serviteurs de Dieu superman essai ou la tentative d'accomplir tout seul l'œuvre pour laquelle Dieu vous a appelés, sans le conseil ou l'aide d'autres personnes. J'appelle cela aussi **«le cléricalisme»**, c'est-à-dire, l'acte par lequel vous vous placer au-dessus des autres gens plutôt que de vous considérer comme serviteur de tous.

Cela est un moyen que le diable use beaucoup dans les églises locales.

Nous trouvons ce danger aussi dans le ministère de Moïse lorsque les israélites suivirent Moïse hors de l'Égypte pour le désert:

Exode 18:13-24, « *Et il arriva, le lendemain, que Moïse s'assit pour juger le peuple ; et le peuple se tint auprès de Moïse depuis le matin jusqu'au soir ; et* ***le beau-père de Moïse vit tout ce qu'il faisait avec le peuple, et il dit : Que fais-tu là avec le peuple ? Pourquoi es-tu assis seul, et tout le peuple se tient auprès de toi depuis le matin jusqu'au soir ?*** *Et Moïse dit à son beau-père : C'est que le peuple vient à moi pour consulter Dieu. Quand ils ont quelque affaire, on vient à moi, et je juge entre l'un et l'autre, et je leur fais connaître les statuts de Dieu et ses lois.* ***Et le beau-père de Moïse lui dit : Ce que tu fais n'est pas bon. Tu t'épuiseras certainement, toi et ce peuple qui est avec toi, car la chose est trop lourde pour toi ; tu ne peux la faire toi seul.*** *Maintenant, écoute ma voix,* ***je te conseillerai, et Dieu sera avec toi. Sois pour le peuple auprès de Dieu, et rapporte les affaires à Dieu ; et enseigne-leur les statuts et les lois, et fais-leur connaître la voie dans laquelle ils doivent marcher, et l'œuvre qu'ils ont à faire.*** *Et choisis d'entre tout le peuple des hommes capables, craignant Dieu, des hommes de vérité, haïssant le gain déshonnête, et* ***établis-les sur eux, chefs de milliers, chefs de centaines, chefs de cinquantaines, et chefs de dizaines ; et qu'ils jugent le peuple en tout temps : et il arrivera qu'ils porteront devant toi toutes les grandes affaires, et toutes les petites affaires ils les jugeront eux-mêmes.*** *Tu allégeras ce qui pèse sur toi ; ils le porteront avec toi. Si tu fais cela, et que Dieu te le commande, tu pourras subsister, et tout ce peuple aussi arrivera en paix en son* *lieu. Et Moïse écouta la voix de son beau-père, et fit tout ce qu'il avait dit ».*

Moïse voulait tout faire comme un serviteur superman. Il voulait accomplir à lui tout et son beau-père lui a donné un bon conseil que nous résumons en deux:

- Premièrement, d'enseigner le peuple sur les statuts et les lois, et en les faisant connaître la voie dans laquelle ils doivent marcher, et l'œuvre qu'ils ont à faire.
- Deuxièmement, de choisir d'entre tout le peuple des hommes capables, craignant Dieu, et il va établir sur le peuple comme: chefs de milliers, chefs de centaines, chefs de cinquantaines, et chefs de dizaines.

Le danger d'être un serviteur superman, pousse plusieurs ministres de Dieu à vouloir tout accomplir dans le ministère. Je les appelle encore : **«les joueurs polyvalents. Ils jouent à la fois à la défense, au milieu et à l'attaque».** Ils sont dans le département de la chorale, l'évangélisation, aux finances, protocoles, les visites, l'ecodim, etc.

Cela est une ruse du diable, cela est un moyen que le diable use pour détruire les serviteurs de Dieu.

Il a été démontré par des statistiques[7] que vers l'an 2010 que plus de 500.000 pasteurs servant aux seins des églises aux États-Unis courent le danger mortel de l'office pastoral :

- 94% de pasteurs ressentent la pression d'avoir une famille idéale, une famille de rêve (belle maison, voiture, apparence, etc). Une famille qui a tout.
- 90% de pasteurs travaillent plus de 46 heures par semaine. (Réunion de l'église, prière pour les malades, visites, réception des courriels, préparation des enseignements, etc.)
- 81% de pasteurs ont du temps insuffisant avec leurs conjoints, leurs enfants voire la grande famille.
- 80% de pasteurs croient que le ministère pastoral affecte leur famille négativement.
- 70% de pasteurs n'ont personne qu'ils considèrent comme ami intime.
- 70% de pasteurs ont l'estime de soi inférieure à celle qu'ils avaient quand ils ont débuté le ministère.
- 50% de pasteurs se sentent incapables de satisfaire les impératifs de leur travail.
- 80% de pasteurs sont découragés ou sont en traitement pour dépression.
- 40% de pasteurs souffrent d'épuisement à cause du rythme de leur programme et des objectifs irréalisables.

[7] S., KUETU, Le feu étranger dans les églises, Edition : ANJC, www.reformechretienne.org ; www.anjc.fr

- 33% de pasteurs considèrent le ministère pastoral comme un risque grave pour la famille.
- 33% de pasteurs ont sérieusement songé à démissionner surtout dans des temps de crise.
- 40% des démissions pastorales sont dues à l'épuisement et aux regrets.

Ces statistiques suffisent amplement pour prouver que le pasteur ne doit pas être le personnage principal dans la vie de ses fidèles.

4EME MOYEN

LA SEDUCTION PAR LA PUISSANCE, LA RICHESSE ET LA GLOIRE DE CE MONDE

Dans Matthieu 4.8-10, la troisième tentative satan propose d'offrir à Jésus la puissance, la richesse et la gloire de ce monde. Il aurait suffi à Jésus de se prosterner et de l'adorer. Mais Jésus refusa d'obéir à cette séduction.

Plusieurs hommes de Dieu sont liés par l'amour du monde au point de changer chaque année de téléviseur, de voiture, de téléphone portable et autre. Pourtant la Bible nous invite à la simplicité, nous recommandant de ne pas nous conformer au siècle présent[8] et de ne pas aimer le monde ni les choses qui sont dans le monde[9].

Le diable cherche par sa ruse à nous séduire avec ses valeurs et ses richesses. Comme Juda l'Iscariote vendit Jésus pour de l'argent, de même ces hommes vendent la vérité pour de l'argent. Ils sont possédés par Mammon et ne travaillent que pour leur ventre.

Beaucoup de serviteurs de Dieu aiment l'argent plus que Dieu. Ils aiment les dons spirituels plus que la sanctification, le confort, la renommée, les bâtiments qu'ils appellent (église), etc. Plus que Dieu. Ils ne prêchent plus la parole de Dieu. Dans beaucoup d'eglise, le message tourne sur le voyage, la

---

[8] Romains 12:1-2

[9] 1 Jean 2:15-17

guérison, le mariage, la promotion… tout est centré sur la puissance, la richesse et la gloire de ce monde.

Aujourd'hui, dans plusieurs églises, on assiste à la mise en place d'offrandes inventées de toute pièce. Le constat est très criant, le dieu Mammon est assis dans plusieurs cœurs et dans les églises locales.

Nous devons savoir Jésus n'est pas d'abord venu satisfaire nos besoins sociaux. Plusieurs sont venus vers Jésus-Christ pour posséder : le mariage, le travail, la promotion, le voyage, la guérison, etc. Or, la mission de Jésus-Christ sur terre était de nous donner la vie éternelle.

Dans Matthieu 6:33, le Seigneur Jésus dit: *«Cherchez premièrement le royaume et la justice de Dieu ; et toutes ces choses vous seront données pardessus»*.

Dans plusieurs églises locales, le message sur le royaume de Dieu n'est plus prêché. L'évangile ne porte plus sur le salut des âmes mais sur la prospérité. C'est regrettable !

Par conséquent, beaucoup de chrétiens courent après les hommes afin d'obtenir l'élévation au regard du monde. Comme le dit Shora KWETU, «Plusieurs églises sont conduites comme des véritables entreprises ou l'homme de Dieu est le patron[10]».

---

10 S., KUETU, Pasteur ou chef d'entreprise, 2010 Edition : ANJC, www.reformechretienne.org

Comme l'a dit aussi le pasteur Marcelo TUNASI:

«L'Eglise primitive disait : je n'ai ni or ni argent mais ce que j'ai, je te le donne : Lève-toi et marche. Mais l'Eglise actuelle dit : j'ai amassé l'or et l'argent mais je ne sais plus dire : Lève-toi et marche[11]».

[11] MARCELLO J. TUNASI, Découvre et expérimente sa présence tome 1, Edition The Truth Way Publishing, 2013.

5EME MOYEN

LA COMPARAISON OU DE LA CONCURRENCE MINISTERIELLE

La comparaison engendre ou aggrave le sentiment d'infériorité et mène au découragement. Suite à la comparaison et la concurrence ministérielle plusieurs ont perdus l'enthousiasme et d'énergie pour le ministère.

Dieu dira à Philippe l'évangéliste de voyager plusieurs jours sur la route désertique menant à Gaza. Si nous nous mettons à sa place, imaginez un peu ce qui aurait pu nous traverser l'esprit en arrivant. Hum… Je ne vois pas de stade où tenir une campagne d'évangélisation. Où sont les foules? Il n'y a rien d'autre ici que le désert. Mais Philippe finit par rencontrer un Éthiopien sur la route et le conduit à Christ.

Philippe n'avais pas accès à Internet, à la télévision ni même aux journaux quotidiens. Il n'a probablement jamais réalisé les résultats de son obéissance.

« Dieu nous appelle à la fidélité, et non à comparer nos ministeres avec ceux des autres ».

Dans la parabole de Jésus sur les talents (Matthieu 25.14-30), le serviteur qui a investi les deux talents que lui avait confiés le propriétaire a été complimenté : « *Bien, bon et fidèle serviteur*[12]».

---

[12] Matthieu 25:23

Notez bien que le serviteur qui en a reçu cinq et les a aussi faits fructifier a reçu la même louange[13]. Sans aucun doute, si celui qui avait reçu un talent avait investi pour en acquérir un deuxième, il aurait reçu le même compliment et la même récompense que les autres.

Il nous faut rejeter l'esprit de la comparaison ministérielle. Plusieurs n'arrivent plus à servir Dieu comme il le faut suite cela.

« Plusieurs serviteurs de Dieu souffrent de la maladie de la comparaison et de a visibilité ministérielle. Ils sont prêts à servir Dieu dans des églises locales remplies mais incapable de servir Dieu dans des petites églises locales. Ils sont prêts à évangéliser dans une foule mais incapables d'évangéliser deux ou trois personnes ».

Plusieurs serviteurs de Dieu attirent l'attention vers eux au lieu d'attirer l'attention vers Jésus-Christ. Ses bâtiments, son ministère, ses fidèles, ses fils spirituels, ses abonnées Facebook, Youtube… C'est regrettable, la séduction du diable détruire plusieurs serviteurs de Dieu.

Nous devons change d'orientation en vue d'accomplir l'appel, missionne que Dieu nous a confié.

---

13 Lire le verset 21

6EME MOYEN

LE DEFAUT DE CARACTERE
«LE TALON D'ACHILLE»

J'appelle le défaut de caractère aussi: **«le talon d'Achille[14]»**. Un talon d'Achille est une faiblesse fatale en dépit d'une grande force générale, pouvant mener à la perte. Plusieurs serviteurs de Dieu ont failli suite à la négligence d'une chose qui leurs étaient comme une faiblesse dans leur caractère.

L'apôtre Paul nous avertit dans 1 Corinthiens 10:12 et suivants: « *Que celui qui croit être debout,* ***prenne garde de tomber!*** ».

Cantique 2:15 nous dit: « *Prenez nous les renards,* ***les petits retards qui ravagent les vignes****, car nos vignes sont en fleur* ».

Le péché dans lequel tombe plusieurs serviteurs de Dieu consiste souvent à considérer comme très peu important le domaine dans lequel il est vulnérable.

- **Le défaut du caractère de Samson provoqua sa chute**

Samson était nazaréens consacré à Dieu. Mais il avait un défaut de caractère. Il était équipé pour un ministère de

[14] Selon la mythologie grecque, Achille est un héros légendaire de la guerre de Troie, fils de Pélée, roi de Phthie en Thessalie, et de Thétis, une Néréide. Selon l'histoire, Achille quand Apollon lui tira une flèche dans le talon.

puissance mais sa faiblesse de caractère résidait dans ses relations amoureuses.

Samson avait tout d'abord épousé une femme venant d'une tribu ennemie d'Israël, puis il avait fréquenté une femme prostituée, ce qui lui était formellement interdit.

Enfin, il s'emballa de Dalila qui chercha par tous les moyens à percer le secret de sa force jusqu'à ce que Samson cède à ses instances. Et après l'avoir endormi, celle-ci lui coupa les sept tresses de cheveux dans lesquelles résidait toute sa force.

Les 3 choses importantes que Samson avait perdues par son défaut de caractère et que le diable use pour détruire les serviteurs de Dieu. L'histoire de Samson doit servir d'avertissement sérieux à chacun de nous.

⇨ Samson a perdu ses 7 tresses

Les sept tresses de Samson représentaient premièrement: la sainteté à l'Eternel. Samson était nazaréen qui en hébreu signifie *«séparé, consacré»*. Sept c'est le chiffre de la perfection divine et spirituelle.

Dieu a achevé son œuvre de la création au septième jour et il s'est reposé le septième jour[15]. En Israël il y avait sept fêtes de l'Éternel[16]. Le chandelier d'or dans le lieu saint avait sept

---

[15] Genèse. 2, 1-3
[16] Lév. 23

lampes[17]. En Apocalypse 1, 4, le Saint Esprit est appelé les «sept Esprits». Le Chiffre sept représente la sainteté.

Et deuxièmement, les sept tresses de Samson représentent aussi la force donc l'onction de Dieu. L'onction est toujours un type de la sanctification et de la qualification par le Saint Esprit.

Dans le Nouveau Testament, pour l'accomplissement de son service, le Seigneur Jésus a été *«oint de l'Esprit Saint et de puissance»* par Dieu[18], et quiconque croit en son œuvre rédemptrice est également oint et scellé du Saint Esprit[19].

En effet, tout appelé de Dieu qui tombe dans le péché perd la sainteté et l'onction de Dieu. Samson était faible de caractère ils jouent avec l'onction de Dieu. Ils ne comprennent pas la grandeur, l'ampleur ou encore le fardeau que Dieu a mis sur eux. Comme Samson, il pouvait aller vers les prostituer et les femmes étrangères païennes alors que l'onction aime la sainteté.

« Un ministère sans caractère est un ministère en voie de destruction ».

La Bible parlant de Samson nous dit dans Juges 16:20, «***L'Éternel s'était retiré de lui***». Dieu ne marche pas avec ceux qui vivent dans le péché et qui désobéissent à sa Parole. La force de Samson venait de l'onction du Saint-Esprit. En

---

[17] Ex. 25, 37
[18] Luc 4, 18; Actes 10, 38
[19] 2 Cor. 1, 21, 22

chutant, celle-ci (onction, sanctification, force) lui fut retirée et Samson redevint un homme ordinaire.

Tout serviteur de Dieu doit être caractérisé par une vie de sainteté. C'est cette vie qui procure de la force, la puissance dans le ministère. Or, Samson avait perdu cela. Dans Juges 16:18-19, la Bible dit: «*Dalila, voyant qu'il lui avait ouvert tout son cœur, envoya appeler les princes des Philistins, et leur fit dire : montez cette fois, car il m'a ouvert tout son cœur...* ***Et ayant appelé un homme, elle rasa les sept tresses de la tête de Samson...***»

- **Témoignage**: vers l'an 2018 dans la ville de Bukavu en RDC, j'exerçais le ministère avec plusieurs autres ministres de Dieu. L'un de nous était un prophète et c'est lui que Dieu avait donné la vision de commencer l'œuvre de Dieu. Nous avions cru à la vision que Dieu lui avait donnée et nous étions unis dans la prière, le jeûne, l'amour fraternel, la parole de Dieu et le Saint-Esprit se manifestaient dans parmi nous.
  Malheureusement, au fur et à mesure que l'œuvre de Dieu croissaient ; le visionnaire commençais à prendre les fidèles en otage par des fausses offrandes, des fausses prophéties pour avoir de l'argent et pire encore comme il était célibataire, il proposait des faux mariages aux filles fidèles de l'assemblée en catimini afin avoir accès sur leurs corps. J'avais reçu le témoignage de deux filles dont il a même abusé... au fur et à mesure, toutes ses nouvelles se sont rependues.

Les fidèles commençaient à partir un après l'autre. Le visionnaire avait perdu le respect, l'autorité et la considération qu'il avait sur ses fidèles et sur nous ses collègues dans le ministre. La vision était par terre et nous avons abandonné. C'est très triste de voir qu'un visionnaire peut détruire lui-même la vision par son défaut de caractère, son défaut de brisement. Bref, par le manque d'une vie de sanctification à l'Eternel !

⇨ Samson avait perdu les yeux

Dans la Bible l'œil est souvent employé comme figure de l'état intérieur de l'homme. Les yeux c'est l'image de la vision. Juges 16:21 dit que: *«Les Philistins (...)* ***lui crevèrent les yeux****»*. Samson a été crevé les yeux. Il n'avait plus vision.

Le Dr. David ONYEDEPO définit la vision comme «le fait de voir». Les yeux crevés de Samson symbolisent la perte de la vision initiale que Dieu lui avait confiée. Or, quand il n'y a pas de vision, le peuple est sans frein[20].

Tout serviteur de Dieu doit veiller sur la vision que Dieu lui a confiée et doit veiller sur son caractère. Il doit discerner jour et nuit afin de savoir s'il est encore dans la vision de Dieu. La vision est la lampe si nous la perdons, notre ministère devient stationnaire, ennuyeux et fatigant.

---

[20] Proverbes 29 :18

Luc 11:34. «*Ton œil est la lampe de ton corps. Lorsque ton œil est en bon état, tout ton corps est éclairé ; mais lorsque ton œil est en mauvais état, ton corps est dans les ténèbres*».

⇨ Samson avait perdu la liberté

Apres les sept tresses et ses yeux ; Samson fut amené captif à Gaza par les Philistins et devint ainsi l'esclave de ses ennemis. Samson, un homme appelé à des grandes choses se retrouve captif (enfermé, incarcéré, emprisonné, relégué, etc.)

Juges 16:21. «*...ils le firent descendre à Gaza,* ***et le lièrent avec des chaînes d'airain. Il tournait la meule dans la prison***».

La parole de Dieu nous rend libre. La captivité de Samson est la conséquence de sa perte de la sainteté, de l'onction de Dieu et de la vision de Dieu. La captivité de Samson représente la faiblesse de caractère dans la vie de Samson. Le diable utilise le défaut de caractère d'un homme de Dieu pour détruire son ministère.

7EME MOYEN
LE FEU ETRANGER DANS L'EGLISE

Le feu étranger est l'ensemble des hérésies et des fausses doctrines dans les églises locales actuelles.

La Bible dit dans 1 Timothée 4:1: «*L'Esprit dit expressément que dans les derniers temps quelques-uns se détourneront de la foi, s'attachant à des esprits séducteurs et à des doctrines de démons* ».

Les fils d'Aaron avaient introduit un feu étranger dans la présence de Dieu.

Lévitique 10:1-3: « ***Les fils d'Aaron, Nadab et Abihu, prirent chacun un brasier, y mirent du feu, et posèrent du parfum dessus; ils apportèrent devant l'Éternel du feu étranger, ce qu'il ne leur avait point ordonné. Alors le feu sortit de devant l'Éternel, et les consuma: ils moururent devant l'Éternel.*** *Moïse dit à Aaron: C'est ce que l'Éternel a déclaré, lorsqu'il a dit: Je serai sanctifié par ceux qui s'approchent de mai, et je serai glorifié en présence de tout le peuple. Aaron garda le silence*».

Ce passage de lévitique nous parle d'un feu étranger dans la présence de Dieu. Il s'agit des choses profanes dans le culte. Plusieurs serviteurs de Dieu ont introduits des hérésies, des fausses doctrines dans l'eglise.

Mon expérience ministérielle dans la ville de Kinshasa, Bukavu et Uvira en RDC m'a permis d'identifier plusieurs de ces fausses doctrines.

Je tire ces quelques éléments ci-dessous dans le livre que j'ai écrit récemment sur les offrandes abusives dans les églises locales ; d'autres éléments ont été tiré dans le livre de Shora KWETU intitulé: le feu étranger.

⇨ Les prières payantes

Dans plusieurs églises locales, les prières d'intercession sont payantes. Il faut verser une somme d'argent au serviteur de Dieu qui va jeûner et prier à la place d'un fidèle ; il faut payer le transport pour l'intercesseur, etc.

C'est aussi une escroquerie qui règne dans les chambres de prières et églises locales.

Je me rappelle d'un homme de Dieu avait prêché qu'il faut donner dans l'enveloppe une somme d'argent soit 3000 Francs congolais et lui il ira prier (intercéder) en faveur de ces personnes afin que leurs noms soient inscrits dans le livre de vie. C'est vraiment une hérésie !

⇨ Offrande d'onction ou des dons spirituels

Dans plusieurs églises locales, la cupidité a conduit certains les hommes de Dieu à commercialiser l'onction et les dons spirituels.

Beaucoup de responsables d'églises locales perdent leur ministère à cause de l'argent. Ils veulent servir Dieu et servir l'argent.

⇨ Offrande du pardon et de la délivrance des liens de famille, célibat, stérilité…

Il existe de nombreuses doctrines erronés ses offrandes et qui véhiculent dans les églises locales. Ces enseignements sont dangereux car ils rendent les chrétiens paranoïaques.

La Bible enseigne qu'à la nouvelle naissance, toutes choses deviennent nouvelles105. Par conséquent, tous les liens familiaux et les chaînes ancestrales tombent à la conversion.

⇨ La dime (obligatoire)

La dîme est très abusée dans les églises locales suite à son imposition obligatoire cela fait que plusieurs serviteurs de Dieu perdent leur ministère à cause de l'amour de l'argent.

La dîme obligatoire est une oppression sur les pauvres. Ils sont culpabilisé qui resteront des pauvres, des malheureux, qu'ils sont des voleurs et qu'ils iront en enfer car, ils sont des voleurs. C'est faux!

La dîme obligatoire vide l'Évangile de sa qualité de bonne nouvelle aux pauvres. Au lieu que la dîme soit une bonne nouvelle, elle devient un lourd fardeau.

⇨ L'évangile de prospérité

Certains prédicateurs se regroupent pour chercher à convaincre que Jésus et ses disciples étaient riches. Ils en tirent comme conclusion que le fait d'être pauvre ou malade est un péché.

Pourtant la Parole de Dieu est claire : la vraie richesse est spirituelle. La prospérité ne doit pas être le but de la conversion, Jésus-Christ n'est pas mort à la croix pour cela ! Si la richesse était le signe d'une parfaite communion avec Dieu, alors les hommes les plus riches du monde devraient tous être des chrétiens véritables.

L'évangile de prospérité est une dénaturation de la Parole de Dieu et détourne les chrétiens de la saine doctrine.

8ème MOYEN

L'ESPRIT DE BALAAM

Dans Nombre 22:32, l'Ange de l'Éternel, rencontrant Balaam, lui dit : « *Ton chemin est pervers devant moi* ».

Un chemin pervers est un chemin détourné de Dieu qui mène à la perdition, comme effectivement ce fut le cas pour Balaam. Son caractère profond est dénoncé quand il est désigné par son vrai nom en Josué 13:22 : c'était un « devin », son salaire est celui de la divination[21].

Balaam fait allusion à la cupidité, à l'amour de l'argent; à rechercher à s'engraisser au détriment de la bonne santé des brebis, dépouiller le peuple de Dieu pour son propre confort et enrichissement.

Tout serviteur de Dieu doit faire attention à l'argent et la soif d'en posséder car, l'argent conduit à conduit plusieurs à faire naufrage dans leur foi.

Le diable par sa malice attire plusieurs hommes de Dieu à l'amour de l'argent.

Par l'esprit de Balaam, plusieurs serviteurs de Dieu ont fait de Jésus-Christ un produit commercial. Ces serviteurs ont **«détournés l'eglise de Jésus-Christ avec les fidèles».**

---

21 Nomb. 22:7

Les offrandes qui devaient se donner avec joie, sans contraintes, volontairement et selon ce que chacun a résolu, sont devenues des moments de marchandages, d'obligations, de compétition entre les hommes et les femmes… C'est regrettable!

L'esprit de Balaam à introduit dans plusieurs eglise «**la doctrine de Balaam**».

Apocalypse 2:14-15: *«Mais j'ai quelque chose contre toi, c'est que tu as là des gens attachés à* ***la doctrine de Balaam****, qui enseignait à Balak à mettre une pierre d'achoppement devant les fils d'Israël, pour qu'ils mangeassent des viandes sacrifiées aux idoles et qu'ils se livrassent à l'impudicité. De même, toi aussi, tu as des gens attachés pareillement à la doctrine des Nicolaïtes».*

Cette doctrine consiste dans le fait d'exiger de l'argent des personnes avant de prier pour elles, dans la vente d'objets. Chez eux tout est payant:

- les calendriers, chapeau, stylos, cahier, montre, chemise ou polo de l'église avec photo du pasteur et bâtiment de l'église ;
- des mouchoirs de guérison, chapelets, crucifix, des tableaux de Jésus ;
- de l'huiles d'onction ; l'eau de guérison et miracles ; la poudre pour protection ;
- les vêtements sacerdotaux ;
- la formation biblique, écoles bibliques, séminaires, prières, etc.

C'EST avec regret que je l'affirme:

« Satan n'a pas réussi à se faire adorer au ciel ni par Seigneur Jésus lors de la tentation au désert, mais malheureusement, il parvient à se faire adorer par plusieurs personnes qui se disent être des serviteurs de Dieu ».

9ème MOYEN

MANQUE DE BONS CONSEILLERS

Tout serviteur de Dieu doit rechercher l'approbation de Dieu avant toute chose. Ainsi, le premier conseiller par excellence d'un homme de Dieu est le Saint-Esprit. Quand Dieu t'approuve, une personne ne peut t'empêcher d'avancer.

Néanmoins, même si le Saint-Esprit est notre grand conseiller, on a toujours besoin de personnes sages et expérimentées pour nous aider dans certaines de nos décisions.

Même Moise à qui Dieu parlait face à face, eu besoin d'un conseiller pour mener à bien sa mission (Exode 18 :14-24).

S'il est vrai qu'on peut toujours compter sur les conseils de Dieu en personne, il faut aussi reconnaître qu'il met à nos côtés des gens pour nous servir de conseillers.

Beaucoup de projets des hommes de Dieu ont échoué faute de bons conseillers.

Entant que serviteurs de Dieu, il est avantageux d'avoir des personnes qui pourront vous prodiguer de bons conseils qui vous seront utiles dans le présent et l'avenir du ministère.

J'ai constaté que:

« Tout le monde a des conseillers mais ce n'est pas tout le monde qui a de vrais conseillers ».

A l'exemple du roi Roboam, fils du roi Salomon, il a préféré suivre les conseils de ses amis au détriment de ceux des vieillards qui avaient dirigé aux côtés de son père, causant ainsi la division du royaume d'Israël (1 rois 12 : 2-20).

« Plusieurs serviteurs de Dieu ont bien commencé mais par la ruse du diable, ont contractés des mauvais amis, conseillers et ont faillis par la suite ».

Tout serviteur de Dieu doit éviter d'avoir des amis proches qui ne sont pas des amis de Dieu. L'apôtre Paul dit dans 1 Corinthiens 15:33 « *Les mauvaises compagnies* ***corrompent les bonnes mœurs*** ».

Comme un bon conseiller, un homme de Dieu doit faire recours à des personnes ci-après:

⇨ **Le père spirituel**

Je définis un père spirituel comme étant une personne (homme ou femme) que vous reconnaissez comme ayant une autorité spirituelle sur vous, une personne qui vous encadre sur le plan spirituel, une personne à qui vous vous confiez et dont vous recevez des conseils et réprimandes.

Toutefois, le père spirituel n'est ni le petit Jésus ni son intermédiaire. Vous ne devrez jamais donner à votre père spirituel la place de Christ. Un véritable père spirituel présente Jésus-Christ à ses fils et non sa personne et ses mérites. Jésus-Christ est notre parfait et véritable modèle.

⇨ Le mentor

Un mentor est «un coach», cela peut se trouver dans n'importe quel domaine de la vie, pas seulement dans la vue chrétienne il n'est pas nécessairement non plus d'être la personne qui a initié l'autre dans ce domaine particulier, si tel est le cas, on pourrait parler d'un père spirituel, un père géniteur dans la foi.

Le mentor, c'est une personne ressource qui vous communique son expertise pour vous aider à éviter des erreurs et vous faire progresser plus efficacement. Il est une personne qui t'inspire.

Généralement, un mentor est une personne éloignée de nous du point de vue géographique mais qui vous apporte une valeur ajouté dans la vie chrétienne. Il nous inspire par ses enseignements, prédications, livres (écrits), par sa façon d'exercer le ministère, dans la dimension de l'onction qui repose sur son ministère, etc.

La Bible dit que deux valent mieux qu'un car si l'un tombe, l'autre pourra le relever.

⇨ L'époux ou l'épouse du serviteur de Dieu

En principe c'est le(la) deuxième conseiller(e) d'un serviteur de Dieu après le Saint-Esprit.

Un célèbre adage dit: « à côté d'un grand homme il y a toujours une grande femme » et vice versa.

Il y a beaucoup de choses à régler les unes très importantes et les autres moins. C'est pourquoi il est bon d'avoir de bons partenaires qui pourront nous prodiguer de bons conseils ou juste nous mettre à l'aise pour bien exercer nos fonctions ministérielles.

Les serviteurs de Dieu et les frères ainsi que sœurs dans la foi. Pour ceux qui en ont, je peux ajouter aussi **les parrains et marraines** (d'une manière particulière pour des sujets en rapport avec la vie conjugale).

10EME MOYEN

L'AMOUR DE L'ARGENT

La Bible déclare dans 1 Timothée 6 : 10 que: « *l'amour de l'argent est* ***la racine de tous les maux*** ».

Nous devons comprendre bien ce passage. Ce n'est pas l'argent qui est racine de tous les maux, mais «**c'est l'amour de l'argent**».

Dieu n'a rien contre l'argent, Il en a après le fait que nous en soyons esclaves, qu'il motive nos agissements.

Judas a vendu Jésus pour de l'argent (Luc 22 : 6). Judas était amoureux de l'argent. Il avait l'habitude de voler dans la bourse (Jean 12 : 6); bourse dont il avait été chargé de tenir lui-même (Jean 13 : 29).

L'apôtre Roland DALO a dit une fois dans ses prédications 4 vérités sur l'amour de l'argent :

- ⇨ **Premièrement**, l'amour de l'argent consiste à faire de l'argent une idole (un dieu). L'argent remplace Dieu.
- ⇨ **Deuxièmement**, là où il y a l'amour de l'argent, il y a l'esclavage. C'est l'argent qui domine et qui conduit la personne (l'obsession).
- ⇨ **Troisièmement**, celui qui est animé par l'amour de l'argent ; sa paix, sa quiétude, sa tranquillité et son bien-être dépendent de la présence de l'argent. Bref, son bonheur dépend de l'argent.

⇨ **Quatrièmement**, là où il y a l'amour de l'argent, on est prêt à tout faire. Prêt à sortir de la volonté de Dieu pour avoir de l'argent.

Dans la Bible nous voyons qu'un homme ayant un ministère de prophète : Balaam. Il a fait naufrage par rapport à ce ministère parce qu'il « aima un salaire injuste », nous dit Pierre dans 2 Pierre 2 : 15. C'est l'argent motivait son service.

L'amour de l'argent est un piège du diable pour plusieurs serviteurs de Dieu. Ainsi, certains serviteurs de Dieu aiment aller prêcher dans une église locale remplie car ils espèrent avoir là une bonne offrande.

❖ **Témoignage**: En 2019, j'avais organisé par l'inspiration du Saint-Esprit un séminaire de 7 jours dans l'église. J'avais invité des serviteurs venant de la ville de Bukavu et un venant de la Goma. En cours du séminaire, je suis allé accueillir le serviteur venant de la ville de Goma mais il me posa une question en ses termes «votre eglise a combien des fidèles? Ils peuvent être plus de 100 personnes? Il y a combien d'intervenant au total? ». Après lui avoir répondu, il me dira: «organise un autre séminaire spécial où j'interviendrais comme le seul orateur. O cet effet, nous ferons des affiches publicitaires, et des communications à la radio…». après cette phase, il me quitta.

11EME MOYEN

LE SEXE, L'IMPUDICITE

La Bible nous dit dans 1 Thessaloniciens 4:37, « *Ce que Dieu veut, c'est votre sanctification ;* ***c'est que vous vous absteniez de l'impudicité*** *; c'est que chacun de vous sache posséder son corps dans la sainteté et l'honnêteté, sans vous livrer à une convoitise passionnée, comme font les païens qui ne connaissent pas Dieu... Car Dieu ne nous a pas appelés à l'impureté, mais à la sanctification*».

Samson, oint de Dieu, a connu la déchéance vis-à-vis de son ministère et de sa vie pour avoir persévère à se laisser séduire par des étrangères[22].

Si la Bible nous dit de résister à Satan, elle nous dit à la fois de fuir l'impudicité[23]. Face à certaines situations délicates, il faut savoir vite se retirer comme le fit Joseph[24].

Celui qui sert le Seigneur est appelé à être un modèle et pour cela : se tenir en garde des pièges du diable !

- **Témoignage** : Il m'était arrivé une fois à force de faire de visites aux fidèles de l'église d'être tenté sexuellement par une femme de l'église. Au début je ne me rendais pas compte. Un jour en allant visité une femme de l'église ; j'étais surpris de voir que cette femme avait des positions

[22] Juges 16 : 1, 4
[23] 1 Corinthiens 6 : 18
[24] Genèse 39 : 12

bizarre sur le canapé où elle était assise. Elle avait des mouvements de jambes comme si elle voulait exhiber certaines parties intimes (ses cuisses). J'étais en ce temps-là encore célibataire et pour moi c'était vraiment une tentation. Par la grâce de Dieu, j'ai arrêté la conversation sagement et j'ai informé à cette femme que je devrais partir. Depuis ce jour-là, je m'étais décidé de ne jamais aller faire des visites aux fidèles de sexe féminin seul.

L'impudicité a détruit plusieurs serviteurs de Dieu. Que Dieu nous préserve de cela.

- **Témoignage**: Au début de mon ministère, je fréquentais une chambre de prière et on m'apprendra que la prophétesse de cette chambre de prière demandait aux gens d'acheter un savon et elle va les laver car ils ont des malédictions. Plusieurs femmes ont été lavées pour avoir le mariage, enfants, etc.

  Aussi, j'ai reçu des témoignages qu'il y a des certains serviteurs de Dieu qui demandent aux fidèles d'être déshabillé pour un rapport sexuel de délivrance (une soi-disant prière d'Elisée). D'autres introduisaient leur organe sexuel (le pénis) dans la bouche des femmes pour transférer soit la guérison ou l'onction lors de l'éjaculation dans la bouche. C'est regrettable, la génération des fils d'Eli !

12EME MOYEN

CONFUSION DANS L'EXERCICE DU MINISTÈRES DANS L'ÉGLISE LOCALE

En ce qui concerne le ministère, Ephésiens 4:11-12, nous parle de 5 types de ministère du royaume de Dieu qui sont les apôtres, les prophètes, les évangélistes, les pasteurs et les docteurs.

L'ensemble des missions confiées à ces ministres de Dieu sont pour le perfectionnement des saints que nous sommes en Christ, et pour l'édification du corps de Christ.

J'aimerais répondre ici une des questions qui font des débats depuis des siècles mérite être répondue sur ce point.

- **La femme peut-elle exercer le ministère?**

Il n'y a pas des ministères masculins et des ministères féminins, mais des ministères ecclésiaux exercés par des hommes ou par des femmes.

Le ministère ne se définit pas par la classification sexuelle du ministre, mais par son rapport à la communauté ecclésiale.

Brièvement, le genre ne détermine pas la qualité des ministères. Parler de ministères propres à la femme serait donc une tentative discriminatoire de vouloir définir le féminin par le masculin.

Apres cette précision, revenons sur les cinq ministères.

Tous les ministères sont complémentaires, et utiles pour faire grandir les membres de l'église. Cependant, le diable met une grande la cacophonie dans les ministères. Chacun de ces ministères est représenté par une onction spécifique, et chacune d'elles est différente.

Une autre question me vient à l'esprit.

- **Pourquoi certaines églises locales ne croissent pas spirituellement et matériellement ?**

Je m'accorde avec Rick WARREN, la raison est que, dans de nombreuses églises, les chrétiens ne peuvent grandir au-delà d'un certain point. En général, toute la nourriture spirituelle qu'ils reçoivent vient d'une seule onction, celle du pasteur. Tout tourne autour de lui, et tout commence et s'achève avec lui.

Il y a des milliers d'églises qui n'ont pas de vraies relations avec d'autres ministères et d'autres églises, et qui sont totalement isolées. Mais dans le Nouveau Testament, il n'y a pas de ministères indépendants ni d'églises isolées. Dans l'eglise primitive, les cinq ministères, travaillant et fonctionnant comme une seule église. C'est pourquoi le peuple de Dieu pouvait parvenir à la maturité.

Je répète la phrase de Rick WARREN dans le livre qu'il a écrit sur les 5 ministeres:

« Une personne seule ne peut pas accomplir l'œuvre de Dieu. Les cinq ministères travaillant ensemble sont essentiels pour l'Eglise. Dans l'Eglise aujourd'hui, on considère que si vous êtes enseignant, vous avez votre propre ministère, si vous êtes évangéliste, vous avez votre propre ministère, et si vous êtes prophète, vous avez votre propre ministère. Malheureusement, dans la plupart des cas, ces ministères ne sont reliés ni à l'église locale ni entre eux. La plupart d'entre eux sont totalement indépendants et ne rendent de comptes à personne ».

⇨ L'apôtre dans l'eglise locale

Le mot 'apôtre' est traduit par 'envoyé', ce qui signifie que l'apôtre est un messager, un ambassadeur de Jésus-Christ.

L'apôtre n'est pas quelqu'un d'indépendant, mais comme le pasteur, l'évangéliste, le prophète ou l'enseignant, il fait partie d'un corps d'anciens d'une église locale.

Dans 1 Corinthiens 3:10, l'apôtre Paul dit: « *Selon la grâce de Dieu qui m'a été donnée, **j'ai posé le fondement comme un sage architecte, et un autre bâtit dessus**».*

Le fondement que l'apôtre doit poser est Jésus-Christ[25] . Tout fondement autre que Jésus-Christ n'est pas biblique.

Par conséquent, l'apôtre, membre de l'équipe de ministères de l'église locale, est soumis au corps d'anciens et collabore étroitement avec les quatre autres ministères.

---

[25] 1 corinthiens 3.11

Le diable par sa malice à intégrer des faux apôtres. Ces faux apôtre ont bâtis leurs ministères sur les miracles, les guérisons, les bénédictions, la prospérité comme fondement.

- ***Le message apostolique***

Cette onction est avant tout démontrée par la révélation de l'Evangile reçue par l'apôtre. Le ministère apostolique ne peut pas être séparé de l'Evangile que Christ a révélé à Paul et aux autres apôtres.

Dans Galates 1:11-12, Paul déclare que la révélation de l'Evangile qu'il prêchait venait directement de Jésus-Christ. Il ne l'a pas reçue d'un homme, on ne la lui a pas enseignée. Dans Ephésiens 3, il parle de sa compréhension du mystère de l'Evangile resté caché dans le passé, maintenant révélé par l'Esprit aux apôtres et aux prophètes

Un apôtre est un messager de Dieu envoyé avec des ordres précis de la part du Seigneur Jésus. Avec un apôtre, il y a toujours la notion **« d'aller vers ».**

Dans Matthieu 28:19-20, Jésus dit à ses apôtres : « *Allez, faites de toutes les nations des disciples, les baptisant au nom du Père, du Fils et du Saint-Esprit, et enseignez-leur à observer tout ce que je vous ai prescrit* ».

Nous trouvons dans Matthieu 28:19-20, deux missions principales que Jésus laissa aux apôtres :

Premièrement, c'est d'aller vers les peuples pour en faire des disciples de Christ ; et deuxièmement d'enseigner aux disciples les ordonnances reçues du Seigneur.

L'apôtre a par conséquent une mission de prédication de l'évangile auprès des peuples et aussi une mission d'enseignement de la saine doctrine de Christ aux disciples. Paul mentionne ces missions de prédication et d'enseignement de l'apôtre dans 2 Timothée 1:11 en disant : C'est pour cet Evangile que j'ai été établi prédicateur et apôtre, chargé d'enseigner les païens.

Lorsque l'apôtre va dans ses missions et qu'il fait des disciples pour Christ, il établit des assemblées locales.

Il instruit ces disciples dans la doctrine de Christ. Dans Actes 18:11, il est dit de Paul qu'il demeura à Corinthe pendant 1 an et 6 mois pour leur enseigner la Parole de Dieu. Après avoir assis une assemblée locale dans la saine doctrine, l'apôtre doit nommer des anciens pour paître le troupeau de cette assemblée locale. On le voit dans Actes 14:23 où il est dit: « *Ils [Paul et Barnabas] firent nommer des anciens dans chaque Eglise, et, après avoir prié et jeûné, ils les recommandèrent au Seigneur, en qui ils avaient cru* ».

Signalons enfin quelque chose de tres important. L'apôtre est un père pour l'eglise. Paul écrit : «*Même si vous aviez dix mille maîtres en Christ, vous n'avez cependant pas plusieurs pères, puisque* ***c'est moi qui vous ai engendrés en Jésus-Christ par l'Evangile*** ».

Il leur déclare simplement que beaucoup d'autres sont peut-être venus leur parler de Jésus, mais que c'est lui qui les a engendrés dans l'Evangile. Il n'évoque pas ici la nouvelle naissance par l'Esprit, **mais la fondation qu'il a posée dans leur vie par la révélation de l'Evangile.**

Nous le voyons dans 1 Corinthiens 16:1 affirmer avec confiance que l'église de Corinthe devait suivre les instructions qu'il avait données aux églises de Galatie concernant les collectes pour le peuple de Dieu. Il n'était pas le pasteur de cette église, mais il avait la liberté de parler à ce sujet aux Corinthiens en raison de sa relation avec eux dans l'Esprit. Ceux-ci étaient soumis à l'onction apostolique dans la vie de Paul, et cette onction lui donnait autorité pour proclamer auprès d'eux la volonté complète de Dieu.

Nous en avons encore l'illustration dans la relation de Paul avec les chrétiens de la Macédoine (2 Corinthiens 8:5). Cela confirme que l'apôtre est un père pour les églises avec lesquelles il travaille.

⇨ Le pasteur ou berger dans l'eglise locale

Le mot pasteur vient des mots grecs **«episkopos»** et **«episkopeo»** qui signifient «veiller sur, garder, prendre soin, guider et nourrir».

En d'autres mots, le pasteur pourrait aussi être appelé **«le berger»**. Le mot grec désigne un berger, c'est-à-dire quelqu'un qui donne nourriture et soins aux brebis du troupeau.

Dans la parole de Dieu, on retrouve aussi les termes évêque et berger pour désigner un pasteur.

C'est pour cette raison qu'un évangéliste par exemple ne devrait pas avoir la fonction de pasteur dans l'église locale, car il n'a pas la patience requise pour conduire les brebis sur un long chemin.

Le pasteur doit veiller sur les brebis. Actes 20 : 28 dit : «***Prenez donc garde à vous-mêmes, et à tout le troupeau sur lequel le Saint-Esprit vous a établis évêques, pour paître l'Eglise du Seigneur****, qu'il s'est acquise par son propre sang».*

Le pastorat est un accompagnement sur un long terme. Les croyants lui doivent considération et soumission.

Ainsi, la vision de l'église locale est aussi donnée par le pasteur principal. Proverbes 29 : 18 dit: «***Quand il n'y a pas de révélation, le peuple est sans frein****…»*

Les fidèles de son église devraient connaître cette vision et s'engager avec le pasteur à la poursuivre, à travailler dans cette direction.

J'aime souvent dire que:

«Le pasteur à un ministère immobilier tandis que l'évangéliste à un ministère mobilier. Mais cela ne fait pas d'un évangéliste un vagabond ».

Ainsi, les fidèles de l'eglise sont dirigés par Jésus-Christ au travers le pasteur ou berger que Dieu a établi dans l'eglise.

Toutefois, le pasteur n'est pas le monarque absolu, ni le substitut de Dieu.

Matthieu 9 : 36 dit, parlant de Jésus: «*Voyant la foule, il fut ému de compassion pour elle,* ***parce qu'elle était languissante et abattue, comme des brebis qui n'ont point de berger.***»

L'une des stratégies du diable est de faire que les fidèles et d'autres serviteurs de Dieu commencent à critiquer et à mépriser leur pasteur.

⇨ Le docteur dans l'eglise locale

Celui qui est bien enseigné sait reconnaître les richesses de Dieu. Le manque des enseignants dans les églises locales font que plusieurs fidèles de l'eglise restent instables dans la foi. Le manque d'enseignement pousse les croyants à vivre dans un déséquilibre entre leur vie quotidienne et ce que dit la parole de Dieu.

Le docteur est le spécialiste de l'enseignement. Il a reçu l'onction pour décortiquer la parole, en livrer la substance afin qu'elle soit appliquée adéquatement à notre vie. Ce ministère est fondamental pour la croissance des membres de l'église. Sa spécialisation ne résulte pas d'une formation en école de théologie mais d'une formation dans l'école de Dieu. Toutefois, il n'est pas mauvais d'enrichir sa connaissance biblique par une école de théologie ou d'étude de la bible. L'essentiel est que le Saint-Esprit est celui qui donne le ministère doctoral.

Les docteurs sont tellement combattus par le diable. Ainsi, ils peuvent être des sources d'hérésies dans l'eglise locale. C'est pour cela que la parole de Dieu recommande qu'il n'y ait pas trop de docteurs.

Jacques 3 : 1 dit: *«Mes frères,* ***qu'il n'y ait pas parmi vous un grand nombre de personnes qui se mettent à enseigner****, car vous savez que nous serons jugés plus sévèrement.»*

Le docteur se distingue du pasteur et de l'évangéliste. Quand il enseigne, il y a une délivrance, une révélation qui se propage dans les cœurs des croyants. Il est passionné de la parole, un amoureux des écritures.

Le docteur enseigne sur le vrai usage du jeûne, de l'offrande ou de la prophétie par exemple. Il corrige les enseignements des pasteurs et des leaders.

« Pour recevoir l'enseignement d'un docteur, le croyant doit avoir grandi spirituellement, être prêt à manger de la nourriture solide ».

Hébreux 5 : 14 dit: « ***Mais la nourriture solide est pour les hommes faits, pour ceux dont le jugement est exercé par l'usage à discerner ce qui est bien et ce qui est mal*** ».

⇨ Le prophète dans l'église locale

Sa définition la plus simple : il est le porte-parole de Dieu qui, inspiré par le Saint-Esprit, apporte à l'Eglise une direction divine, tout en lui adressant la correction de Dieu quand c'est nécessaire.

Les prophètes véritables sont assimilés aux «yeux», aux «voix ou trompettes» du Seigneur[26]. Ils voient dans l'obscurité et apportent la lumière[27] dans ce monde de ténèbres[28].

Les prophètes communiquent la vision de Dieu à son peuple, dénoncent les faux serviteurs vivant dans le péché et prêchant des messages agréables à entendre. Un prophète est un homme qui fait pénétrer la vérité dans une âme de façon si claire qu'elle est amenée directement à Dieu.

Différence entre don de prophétie et ministère prophétique

Le ministère prophétique a souvent été mal compris par les chrétiens qui ont eu tendance à n'en retenir qu'un seul aspect : la manifestation des dons de l'Esprit - prophéties, paroles de sagesse et paroles de connaissance.

Pourtant, nous devons avoir une vision plus claire de ce qu'est le ministère prophétique et de son importance pour le peuple de Dieu.

---

26 Lire, Esaïe 58:1 ; 40:3 ; Nombres 24:1517 ; Galates 1:10

27 Les prophètes véritables ont aussi une mission de sentinelle (Ezéchiel 3:17-33). Ils doivent ainsi avertir les nations des événements apocalyptiques qui arrivent sur la terre à la lumière de la Parole.

28 Le prophète a des paroles qui, venant de l'Éternel, sont conformes à la Parole de Dieu, et ne la contredisent pas.

L'apôtre Paul nous encourage tous à désirer les dons spirituels, particulièrement le don de prophétie. Mais le fait qu'un chrétien prophétise, ne fait pas de lui un prophète.

Nous devons vraiment comprendre ce point car aujourd'hui, de nombreuses personnes se déclarent elles-mêmes prophète parce qu'elles prophétisent. Les quatre filles de Philippe l'évangéliste n'étaient pas prophétesses, même si elles prophétisaient (Actes 21:8-9).

Le prophète manifeste lui aussi des dons spirituels, mais en raison de l'onction et de l'autorité que Dieu lui a donnée, il apporte en plus un discernement et une vision spirituelle que Dieu utilise pour édifier et établir l'Eglise.

✹ *Attention aux faux prophètes*

La Bible nous avertit clairement que, dans les derniers temps, il y aura beaucoup de faux prophètes qui détourneront le peuple, de Dieu.

Le vrai prophète est aussi manifesté par la pureté de sa conduite et l'absence de mal, contrairement au faux prophète qui ne craint pas de se mêler aux désobéissants et à se livrer à la corruption éhontée[29]. Le vrai prophète cherche à mettre les consciences en rapport avec Dieu (à se juger soi-même).

---

[29] 1 Rois 13 ; 2 Pierre 2:2

Un prophète, sous la loi de Moïse, était considéré comme faux si une seule prophétie ne s'accomplissait pas. La sanction était la mort selon cette loi[30].

✹ *Les 6 critères pour discernement des vrais et des faux prophètes:*

1) Le Saint-Esprit ne peut pas se contredire. Tout message qui contredit l'Écriture doit être rejeté.
2) Tout esprit qui ne reconnaît pas Jésus-Christ venu en chair, qui nie le Fils et le Père, c'est l'esprit de l'Antéchrist (1 Jean 2:22; 42-3).
3) «Vous les reconnaîtrez à leurs fruits», dit Jésus: paroles et actes doivent être conformes à la volonté de Dieu (Mat. 7:15-22).
4) Le prophète doit être soumis à ses frères pour le discernement.
5) Le prophète n'est pas un juge. Il avertit dans l'humilité et la souffrance. Il ne condamne pas; il appelle à la conversion. Il exhorte, édile et console. À l'occasion il dévoile le secret des cœurs. (1 Cor 14 3, 24-25)
6) Une prédiction sera parole de l'Éternel lorsqu'elle s'accomplit (Deutéronome 18: 22); il faut donc y être attentif.

[30] Deut. 18:20 ; Jér. 28:9

⇨ L'évangéliste dans l'église locale

Parmi les serviteurs de Dieu, il y a des personnes qui sont appelées particulièrement au ministère de l'évangélisation.

L'évangéliste est l'instrument que Dieu emploie habituellement pour amener des âmes à Christ. Celui qui a reçu ce don n'a pas sa sphère limitée à un endroit, mais il est prêt à se rendre partout où le Seigneur le dirige par l'Esprit pour répondre aux besoins des âmes.

Ce sont eux qui prêchent avec, pour objectif, de démontrer l'existence de Dieu, et d'apporter le message de la croix. Ils sont passionnés par les païens, c'est-à-dire par ceux qui ne connaissent pas le Christ. Leur ministère est souvent accompagné de miracles et de prodiges.

Le diable par sa ruse, empêche l'eglise d'avoir des évangélistes. Les églises locales ayant pour vocation de grandir, il est primordial pour elles de se munir d'évangélistes.

L'évangéliste fait partie de l'église locale. Celle-ci devrait le soutien financièrement afin qu'il soit libre d'exercer cet appel.

J'ai constaté que la plupart des serviteurs de Dieu considère les évangélistes comme des stagiaires ou encore comme un ministère inferieur parmi les quatre autres ministères du perfectionnement des saints. Cela fait que plusieurs evangelistes sont complexés de leur ministère par rapport aux autres ministeres.

Les assemblées qui reçoivent des évangélistes doivent bien prendre soins d'eux et les accueillir avec honneur et attention.

⇨ LES MINISTÈRES D'AIDE DANS L'EGLISE LOCALE

Signalons que si tous ne sont pas appelés à servir dans un des cinq ministères, il existe d'autres ministères d'aide dans l'église locale où l'on peut s'impliquer.

Tous les membres du corps ont quelque chose à donner pour l'édification du corps de Christ.

Il s'agit des ministères suivants:

⇨ LE DIACRE

1 Timothée 3 : 12, « *Les diacres doivent être maris d'une seule femme, et diriger bien leurs enfants et leurs propres maisons;*[31] ».

Le mot diacre en hébreu ordinaire est « ***ébed*** » qui veut dire un service volontaire ou obligatoire, et qui désigne tous ceux qui désirent servir[32].

Il est apparu pour la première fois dans l'épître de Paul aux Philippiens et dans 1 Tm 3,8-12 où Paul les exhorte à vivre une éthique chrétienne selon les tâches qui leurs sont assignées. Le

---

[31] L'exigence d'une bonne réputation pour accomplir un ministère au sein de la communauté était l'une des caractéristiques de l'organisation de l'Église à l'époque primitive.

[32] D. GUTHRIE, Nouveau commentaire biblique, Saint-Légier, Emmaüs, 1978.

sens de ce mot est donc en fonction du contexte dans lequel il est employé.

Le diacre est une personne qui s'occupe de l'organisation matérielle de l'église dans l'accueil, la logistique, les finances, la propreté de l'eglise locale, etc. Les diacres doivent être des personnes animées d'un grand amour pour l'œuvre de Dieu. Ils doivent être des personnes tres hospitalières[33].

Le pasteur de l'église peut choisir les diacres, mais en suivant les qualités bibliques requises.

En effet, dans certaines Églises, les diacres jouent le rôle d'administrateurs et de secrétaires au service des pasteurs.

D'emblée, elle est intriguée du fait que dans Actes 6:1-7, le service des tables a été exclusivement assigné à des diacres masculins. Certaines femmes comme Phœbé l'ont pourtant exercé à titre de diaconesses.

- **Témoignage**: J'ai connu une dame dans mon église locale qui était extraordinaire. Elle était toujours à temps pour arranger l'eglise. Même lorsqu'elle était malade, elle venait quand même. C'était une femme passionnée de l'œuvre de Dieu.

---

[33] Noufou GANAME, Place et rôle du ministère diaconal dans l'Église des Assemblées de Dieu du Burkina Faso. Apport et critique de l'Église primitive selon Actes 6, 1-7, Thèse de Doctorat en théologie, Université Laval, 2019.

Malheureusement, lors de la consécration des serviteurs de Dieu, elle n'avait pas été consacré ce qui m'avait aussi fait mal.

« Dans certaines églises locales les diacres ne sont pas respectés. Certains ministres pensent que les diacres sont leurs subalternes alors que c'est faux ».

⇨ L'intercesseur

Le verbe intercéder signifie intervenir en faveur de quelqu'un, auprès d'une personne qui a autorité ou compétence. Intercéder veut aussi dire, défendre, protéger, secourir, garder, aider, couvrir, plaider, venir en aide, avoir compassion, etc.

L'absence des intercesseurs a des conséquences sur l'eglise locale. Nous sommes dans les temps de la fin, ce qui représente un motif suffisant pour que nous soyons davantage impliqués dans l'intercession pour les nations, pour nos familles, pour l'Eglise, et les âmes perdues.

L'intercession de Daniel en faveur de l'accomplissement de la prophétie de Jérémie sur Israël.

Daniel 9:3 « *Je tournai ma face vers le Seigneur Dieu, afin de recourir à la prière et aux supplications, en jeûnant et en prenant le sac et la cendre* ».

L'intercession du prophète Samuel afin qu'Israël soit sauvé de la main des philistins. 1 Samuel 7:8 «*Ne cesse point de crier pour nous à l'Eternel, notre Dieu, afin qu'il nous sauve de la main des Philistins [...] Samuel prit un agneau de lait, et l'offrit tout entier en holocauste à l'Eternel. Il cria à l'Eternel pour Israël, et l'Eternel l'exauça».*

L'intercession de l'Eglise en faveur de Pierre afin qu'il soit libéré de prison. Abraham priait pour Sodome à cause des justes qui pourraient s'y trouver, mais surtout dans l'espoir que Lot en particulier serait délivré.

Job prie pour ses amis, malgré tout le tort qu'ils lui avaient causé. Dieu rétablit son ancien état seulement après cette intercession, en lui donnant le double de ce qu'il avait eu (Job 42:10). Actes 12:5 « *Pierre donc était gardé dans la prison; et l'Eglise ne cessait d'adresser pour lui des prières à Dieu* ».

Malheureusement, dans plusieurs églises locales, les prières d'intercession sont payantes: il faut verser une somme d'argent à la personne qui va jeûner et prier à votre place ; il faut payer le transport à l'intercesseur avant qu'il intercède.

Plusieurs intercesseurs sont devenus des véritables commissionnaires. Ils réclament le paiement d'une somme d'argent avant la prière et après la prière d'intercession. Cela est un piège du diable.

13EME MOYEN

DES TITRES FLATTEURS

«LA TITROMANIE»

Par sa ruse, le diable a fait que dans plusieurs églises locales une personne qui a un titre par exemple: le sponsor financier de l'eglise, à plus de poids que celui qui exerce un ministère du perfectionnement des saints.

C'est avec regret que je le dis: le phénomène de la **«Titromanie»** règne dans nombreuses églises locales. Les titres ou fonctions dans l'église ont remplacé les ministères.

On protège celui qui a un titre que celui qui a un ministère. C'est une stratégie que le diable use tellement pour créer des divisions et les haines.

De nos jours, la recherche d'une hiérarchisation à outrance dans les églises locales a conduit a donné un rang ou un honneur plus élevé à ceux qui portent des « **titres** ». Il s'agit des titres flatteurs au nom de la personne ordonnée : « Révérend, Archi bishop, Mon Seigneur, Evêque, Général de Dieu, l'homme de feu, etc». Cela fait que certains serviteurs de Dieu se voient dans une position de supériorité et d'autres à une position infériorités. C'est une distraction du diable.

Puisque cette pratique a une telle extension dans la chrétienté, il nous faut pareillement l'examiner à la lumière de l'Écriture.

Selon l'exhortation de 1 Timothée 5:17, il faut que même « *les anciens qui président dûment soient estimés dignes d'un double honneur, spécialement ceux qui travaillent dans la parole et dans l'enseignement* ».

Mais nulle part, il n'y a la moindre suggestion que ceux qui travaillent ainsi aient à être appelés « Révérend, Archi-Bishop, Général de Dieu, Vicaire, etc ». Cela n'est que de l'orgueil et qui trouve sa source dans le diable.

Dieu a parlé de Moïse en ces termes : « Moïse… est fidèle dans toute ma maison[34]». N'est-ce pas là un grand honneur, être appelé par Dieu : « ***mon serviteur*** » !

Pareillement les apôtres parlent d'eux-mêmes comme « ***tes esclaves*** » en adressant leur prière à Dieu[35]. Et en Philippiens 1:1, Paul et Timothée se nomment « ***esclaves de Jésus Christ*** ».

C'est certainement là un honneur suffisant. Les autres titres que les hommes de Dieu s'accordent n'est que de l'orgueil du ministère animé par le diable. Nous devons refuser tous les titres qu'on adjoint aujourd'hui aux noms des serviteurs: « l'homme de feu, l'homme de 100 jours de jeûne, l'homme de puissance, le général de Dieu, l'homme de revelation, l'intouchable de Dieu, la force de frappe de l'Eternel, le volcan de l'Eternel, le tic-tac, etc ».

---

[34] Nomb. 12:7

[35] Actes 4:29

14EME MOYEN

LE CONFLIT DANS LE COUPLE

Beaucoup de couples ressemblent à des tombeaux blanchis. Ils sont peints à neuf de l'extérieur tandis il règne à l'intérieur un climat malsain entre ceux qui y vivent. Cela est l'objectif du diable.

Certains couples tiennent encore à cause des enfants, d'autres pour des raisons de service ou encore pour préserver l'honneur et la réputation de la famille.

Cependant, pour faire chuter un serviteur de Dieu, le diable crée le conflit dans le couple. Ainsi, une relation remplie de la discorde, de l'esprit de domination, de l'infidélité peut aller jusqu'à la haine et à la rupture.

La résolution des conflits est tres important pour non seulement le couple d'un serviteur de Dieu mais aussi pour les couples chrétiens.

Dans le couple d'un serviteur de Dieu, une relation conflictuelle permanente fatigue et épuise. Les serviteurs de Dieu qui manquent la paix dans leur foyer n'arrivent pas à mieux exercer leur ministère.

Ainsi, certains serviteurs de Dieu ne traitent pas ouvertement leurs conflits du couple, parce que personne ne leur a jamais enseigné les manières efficaces de les traiter. Les

- ***Les 5 règles simples de résolution des conflits dans un couple :***

1) Choisissez le meilleur moment et le meilleur endroit pour dialoguer calmement sur le conflit qui vous oppose.
2) Accordez à votre épouse ou époux un temps de parole équitable (juste).
3) Concentrez-vous sur un seul problème et restez dans le sujet.
4) Ecoutez les solutions proposées par l'autre tout en évaluant et en choisissant la solution la plus acceptable.
5) Soyez d'accord de mettre en pratique la décision prise à deux.

- ***Les 4 choses à éviter dans le règlement des conflits dans un couple:***

1) N'attendez pas que votre époux (se) vous demande pardon. N'hésitez pas à faire le premier pas.
2) Ne gardez pas le conflit en vous, vous risquez de le prolonger encore plus.
3) Ne vous en prenez pas à votre époux ou épouse mais plutôt aux causes du conflit entre vous.
4) Ne refusez pas d'aller jusqu'au bout en démasquant le conflit dans sa genèse (son début, son origine).

✹ *Les 8 choses que les femmes des serviteurs de Dieu doivent savoir:*

Proverbes 18:22 dit : «***Celui qui trouve une femme trouve le bonheur****; c'est une grâce qu'il obtient de l'Éternel*»

1) La femme d'un serviteur de Dieu **est plus exposée à la vie professionnelle de son mari que la plupart des autres femmes.** Elle est constamment observée par les autres (elle doit être l'exemplaire).

2) La femme d'un serviteur de Dieu **doit accepter toutes sortes de sacrifices personnels, familiaux et financiers.** Elle subit les urgences de son mari. Le ministère est toujours une des professions le plus mal payé.

3) La femme d'un serviteur de Dieu **doit satisfaire aux attentes de l'eglise en ce qui concerne son temps consacré au service chrétien**. Sans oublier d'assumer son rôle d'épouse et de mère de façon exemplaire.

4) La femme d'un serviteur de Dieu **n'a pas le droit de faire de favoritisme dans ses relations amicales de l'église**. Elle prend des gros risques à le faire. Elle ne peut le faire qu'avec des femmes qui vivent la même situation qu'elle.

5) La femme d'un serviteur de Dieu **doit rester neutre en public dans les controverses de l'église**. Elle aurait besoin de l'aide de Dieu si elle devait prendre position pour un membre de l'église ou encore défendre son mari dans une situation de conflit.

6) La femme d'un serviteur de Dieu **doit soutenir son mari dans son rôle d'homme de Dieu et savoir participer à la mesure de succès qu'il pourrait connaître**. Elle est considérée comme une privilégiée lorsque tout va bien et doit encourager son mari dans ses moments difficiles.

7) Les gens pensent que la femme d'un serviteur de Dieu a été formée dans sa fonction comme son mari l'a été pour être pasteur. Ainsi donc, **elle doit savoir s'exprimer en public, savoir exporter, prier**, etc.

8) La femme d'un serviteur de Dieu **sera contrainte d'accepter de faire des choses au-delà de ses capacités et de son niveau de préparation.** Ce qui lui demandera de faire preuve d'audace et de courage dans ce genre de situation, en acceptant l'éventualité de décevoir les gens et d'avoir à faire face à la critique.

15EME MOYEN

LE MARIAGE AVEC UN NON CHRETIEN

Ce point concerne particulièrement les serviteurs et servantes de Dieu célibataires mais qui veulent se marier

. Par sa ruse, le diable se forcera qu'un serviteur ou servante de Dieu fasse un mauvais choix afin de vivre l'enfer sur terre.

Un mauvais mariage est mille fois pire que de vivre seule. C'est un mariage qui est rempli de haine, de rejet, de ressentiment et de blessures. Souvent aussi, les enfants en sont les innocentes victimes.

Il y a une citation qui dit: *« si l'amour rend aveugle, le mariage donne la vue»*. Si vous prenez à la légère la question de choix au niveau des fiançailles, sachez que dans la vie conjugale vous vous rendrez compte à combien de fois cette question été déterminante.

Dans le mariage il n'a plus de marché en arrière. C'est un chemin sans retour. On ne se marie pas pour divorcer par la suite. Je le répète, on ne se marie pas pour se séparer.

« Le mariage n'est pas un match amical ou un match d'entraînement. C'est une compétition qui s'arrête à la mort de l'un des époux ».

Le mariage avec un non chrétien est appelé aussi **«le mariage mixte»**. C'est mariage dont l'un des conjoints est chrétien et que l'autre ne l'est pas encore[36].

Il est très dangereux pour un serviteur ou une servante de Dieu de contracter une relation de mariage avec un non chrétien.

L'apôtre Paul dit aux Corinthiens des paroles sans ambiguïté: *« Ne vous mettez pas sous un joug mal assorti avec les incrédules; car quelle participation y a-t-il entre la justice et l'iniquité ? Ou quelle communion entre la lumière et les ténèbres ? Et quel accord de Christ avec Béliar ? Ou quelle part a le croyant avec l'incrédule ? Et quelle convenance y a-t-il entre le temple de Dieu et les idoles ? »* 2 Corinthiens 6:14-16.

- ***Les 5 raisons pour lesquelles un croyant ne devrait jamais se marier avec un incroyant :***

Dieu, dans sa Parole, a donné cinq (5) raisons pour lesquelles un croyant ne devrait jamais se marier avec un incroyant dans 2 Corinthiens 6.14-16:

1) *« Quel rapport (quelle unité) y a-t-il entre la justice et l'iniquité ?»*

La réponse est : aucune. Le croyant est juste aux yeux de Dieu, parce qu'il a accepté Jésus-Christ comme son Sauveur et qu'il

[36] Pour qu'un mariage soit chrétien, il faut que le mari et la femme soient chrétiens. Le mariage chrétien est fondé sur l'obéissance à la Parole de Dieu.

est revêtu de la justice de Christ. L'incroyant est injuste aux yeux de Dieu, parce qu'il rejette Christ. Voilà pourquoi il ne peut y avoir d'unité entre les deux.

2) *« Qu'y a-t-il de commun entre la lumière et les ténèbres ? »*

La réponse est : rien du tout. Jamais il ne pourra y avoir d'unité entre la lumière et les ténèbres. Le croyant était autrefois dans les ténèbres, mais il est venu à la merveilleuse lumière de Dieu (1 Pierre 2.9). L'incroyant, au contraire, est toujours dans les ténèbres, et à moins qu'il ne vienne à Christ, son avenir n'est que ténèbres éternelles.

Tout comme il ne peut y avoir d'unité entre la lumière et les ténèbres, ainsi il ne peut y avoir de véritable unité entre un croyant et un incroyant.

3) *« Quel accord y a-t-il entre Christ et Bélial (Satan) ? »*

De nouveau la réponse est : aucune. Jamais il ne pourra y avoir d'unité entre Christ et Satan. Par conséquent, il ne pourra jamais y avoir d'unité réelle entre un croyant dont le père spirituel est Dieu et un incroyant dont le père spirituel est Satan (Jean 8.44).

4) *« Quelle part a le fidèle avec l'infidèle ? »*

La réponse est : aucune. L'intérêt du chrétien se trouve en Dieu, dans ses œuvres et dans l'avenir glorieux qui l'attend au ciel. L'intérêt de l'incroyant, par contre, se trouve dans ce monde et dans les choses de ce monde. Il ne peut donc y avoir de vraie unité entre les deux.

5) *« Quel rapport y a-t-il entre le temple de Dieu et les idoles ?»*

Encore une fois, la réponse est : aucune. Le corps du chrétien est appelé *« le temple de Dieu »*, parce que Dieu habite en lui et parce que le chrétien adore Dieu. Le corps de l'incroyant est appelé *« un temple d'idoles »*, parce qu'il place autre chose dans sa vie avant Dieu. Tout comme il ne peut y avoir d'unité entre Dieu et les idoles, ainsi il ne peut y avoir de vraie unité entre un croyant et un incroyant.

Au fond, quelqu'un qui aime Jésus n'a tout simplement pas grand-chose en commun avec quelqu'un qui ne l'aime pas. Vous pouvez très bien aimer faire des choses ensemble, mais quand vous en viendrez aux choses vraiment importantes, vous vous retrouverez loin, très loin l'un de l'autre.

« Le mariage n'est pas un baptême de la nouvelle naissance pour changer un païen à un chrétien. Détrompez-vous, le mariage n'est pas une méthode d'évangélisation ».

Jésus a dit qu'on peut faire la différence entre les vrais et les faux chrétiens en observant les fruits qu'ils portent. Il a dit dans Matthieu 7:20: *« C'est donc à leurs fruits que vous les reconnaîtrez »* Cela signifie que si une personne est vraiment née de nouveau, sa vie en témoignera par les choses qu'elle dira et fera.

Avant d'envisager le mariage avec un garçon, une fille devrait se poser ses questionnements ?

- Est-il sincèrement amoureux de Dieu ?
- Est-ce que je peux voir clairement des signes d'une foi authentique dans sa vie ?
- Est-ce qu'il porte le genre de fruit qu'un vrai chrétien devrait porter ?

Malheureusement, il est tragique de voir que la plupart des filles ne prennent pas le temps de se poser de telles questions. Elles n'ont pas la patience d'examiner soigneusement les fruits. Aussitôt que le garçon dit *«je veux t'épouser»*, elle commence déjà à penser à choisir une robe de mariée, la salle de fêtes, les photos, les cadeaux, etc.

Si tu as commis l'erreur de te marier avec un incroyant, tu ne peux pas dire : « Eh bien, oui, je me suis trompée, je vais demander le divorce. » Ce n'est pas ainsi que cela se passe, car le mariage est pour la vie. Si ton conjoint incroyant accepte de rester avec toi, tu dois rester avec lui ou elle, quelles que soient les difficultés que cela implique. (Voir 1 Corinthiens 7.10-15).

« Le mariage n'est pas une méthode d'évangélisation ».

Qui vous dit qu'il ou qu'elle sera converti dans le foyer ? Ne jouez pas avec le feu, cela peut être un piège du diable.

Si vous vous sentez être capable par la grâce de Dieu d'évangéliser et de convertir l'homme ou la femme que vous aimez, il est judicieux de le faire avant le mariage. Toutefois, si vous vous mariez avec un non chrétien, vous aurez la responsabilité.

L'apôtre Paul en parle en ces termes dans 1 Corinthiens 7 : 12 - 15: « *Aux autres, ce n'est pas le Seigneur, c'est moi qui le dis :* ***si un frère a une femme non-croyante, et qu'elle consente à habiter avec lui, qu'il ne la répudie pas ; et si une femme a un mari non-croyant, et qu'il consente à habiter avec elle, qu'elle ne répudie pas son mari.*** *Car le mari non croyant est sanctifié par la femme, et la femme non-croyante est sanctifiée par le frère, autrement vos enfants seraient impurs, tandis qu'en fait ils sont saints* ».

De par le passage ci-dessus, le partenaire né de nouveau à la lourde responsabilité de prier pour soutenir l'autre, espérant un jour sa conversion par la grâce de Dieu. Il est interdit à ce dernier de prendre l'initiative de s'en séparer, quelles que soient les circonstances. C'est à lui qu'incombe l'organisation du culte en famille.

16EME MOYEN

LA RIVALITE, LA DUCTATURE:
« L'ESPRIT DE DIOTREPHE »

L'apôtre Jean dit au sujet de Diotrèphe dans 3 Jean 9-10: « *J'ai écrit quelques mots à l'Église ; mais* ***Diotrèphe, qui aime à être le premier parmi eux****, ne nous reçoit point. C'est pourquoi, si je vais, je rappellerai les actes qu'il commet,* ***en tenant contre nous de méchants propos*** *; non content de cela,* ***il ne reçoit pas les frères****, et ceux qui voudraient le faire,* ***il les en empêche et les chasse de l'Eglise***».

Dans le Nouveau Testament, il y a un homme qui s'appelait Diotrèphe et qui aimait avoir la première place afin de montrer son autorité, il jetait les gens hors de l'église. C'est aussi une terrible chose lorsque l'esprit d'autorité pénètre dans le cœur d'un homme.

J'ai constaté que beaucoup les serviteurs de Dieu sont rongés par la peur de voir d'autres ministres être utilisés par Dieu. Tout autre ministre qui excelle est perçu comme un rival.

Ce sentiment-là, je l'appelle: **«l'esprit de Diotrèphe»**. L'esprit de Diotrèphe aime recevoir la gloire et considération plus que les autres. Ils sont prêts à souiller la réputation des autres pour maintenir une position qu'ils occupent.

Les serviteurs de Dieu qui sont animés par l'esprit de Diotrèphe négligent les autres ministres et sont prêts à excommunier certains serviteurs de Dieu qui exercent le ministère au sein de leur assemblée qui ne se soumettent plus à sa doctrine bien que cette doctrine soit contraire à la parole de Dieu. Les serviteurs de Dieu qui sont animés par l'esprit de Diotrèphe ont peur de la contradiction.

« Celui qui est certain de son appel et de son enseignement ne doit pas avoir peur de la contradiction et imposent à leurs fils dans la foi d'enseigner tel enseignement et ne pas enseigner tel autre ».

Il est regrettable de voir que plusieurs serviteurs de Dieu font la guerre, la concurrence avec leurs collègues du ministère.

L'esprit de Diotrèphe pousse un homme de Dieu à vouloir être visible afin d'être acclamés, à être animé de la haine, du tribalisme, etc. Pour beaucoup de pasteurs, la chaire de leur eglise est si sacrée qu'ils ne veulent pas la partager avec les autres.

A cause de la guerre, jalousie et concurrence ; la chaire de l'église est devenue pour plusieurs pasteurs un endroit règlement leurs comptes, imposer leurs idées et recruter de nouveaux adeptes.

Or, si les pasteurs cessaient de craindre la concurrence et s'ils laissaient d'autres personnes exceller dans leurs ministères, nos églises seraient puissantes et remplies d'ouvriers.

17ÈME MOYEN

L'ESPRIT DE JEZABEL

Signalons que la femme «Jézabel» désigne ici, non pas un individu, mais une entité spirituelle composée de personnes sous son influence démoniaque.

Selon l'histoire juive, Jézabel était la fille d'Ethbaal, roi de Sidon. Elle épousa Achab, roi d'Israël. Elle avait un caractère dominant et était une femme très déterminée. Fervente adoratrice du dieu Baal, dieu de la pluie et de la prospérité, elle imposa le culte de ses idoles au peuple d'Israël et tenta de tuer tous les prophètes de Dieu.

1 Rois 16:30-31 nous dit: «*Achab, fils d'Omri, fit ce qui est mal aux yeux de l'Éternel, plus que tous ceux qui avaient été avant lui. Comme si cela avait été trop peu pour lui de se livrer aux péchés de Jéroboam, fils de Nebath :* ***il prit pour femme Jézabel, fille d'Éthbaal, roi des Sidoniens, et il alla rendre un culte à Baal et se prosterner devant lui***»

«Jézabel» signifie **«Impudique».** Elle ne supportait donc pas d'habiter avec les adorateurs du Dieu véritable et préférait les exterminer.

Le terme de «Jézabel» est aussi utilisé pour caractériser tous ceux qui prétendent être «prophètes de Dieu» mais qui ne le sont pas en réalité. L'esprit de Jézabel, qui ne se montre pas forcément sous l'apparence d'une femme, a pour mission de propager l'occultisme dans le monde et d'introduire le culte de Satan dans les églises. Etant au service du diable, Jézabel n'apporte que le péché et la mort.

Dès son arrivée au sein du royaume d'Israël, Jézabel tua les vrais prophètes de l'Eternel afin qu'ils ne puissent plus révéler au peuple les desseins de Dieu, par le biais de l'instruction de la Vérité et de l'encouragement à la fidélité à Dieu. Seulement cent d'entre eux purent s'échapper grâce à l'intervention d'Abdias, chef de la maison d'Achab et craignant Dieu[37].

« Dans une église locale, l'esprit de Jézabel a pour objectif d'exterminer (tuer, chasser, abattre, anéantir) **les serviteurs de Dieu qui exercent un ministère de puissance ».**

Achab le mari de Jézabel symbolise les conducteurs spirituels qui ne veillent pas à ce que des doctrines contraires à la Parole de Dieu ne soient pas introduites au sein de leurs assemblées et diffusées parmi les fidèles. Plusieurs serviteurs de Dieu ont introduit un feu étranger dans l'eglise suite à l'esprit de Jézabel.

Cet esprit reste une adversaire farouche des ministères prophétiques oints, dynamiques et conquérants. Elle cherche à y introduire subtilement la corruption et toutes sortes d'abominations.

Jézabel se prétend être un prophète de Dieu dans le but de séduire les élus. Il y a derrière cette entité l'esprit du faux prophète, c'est-à-dire l'esprit du mensonge et de l'erreur.

---

37 1 Rois 18:3-4

- **Témoignage**: Au début de mon ministère, je fréquentais une chambre de prières et on m'apprendra que la prophétesse de cette chambre de prières demandait aux gens d'acheter un savon et elle va les laver car ils ont des malédictions. Plusieurs femmes ont été lavées pour avoir le mariage, enfants, etc.

  J'ai reçu même des témoignages des certains serviteurs de Dieu qui demandaient aux fidèles d'être déshabillé pour un rapport sexuel de délivrance (une soi-disant prière d'Elisée).

  D'autres introduisaient leur organe sexuel (le pénis) dans la bouche des femmes pour transférer soit la guérison ou l'onction lors de l'éjaculation dans la bouche. Ce qui est regrettable, ces choses se passaient dans l'eglise.

L'esprit de Jézabel se manifeste au travers deux catégories de personnes: les faux docteurs et faux prophètes:

- **La première catégorie** concerne tous ceux qui ont servi Dieu fidèlement et qui sont tombés dans le compromis. Ils étaient auparavant de bons prophètes et de véritables docteurs de Dieu. Cependant, à cause de la négligence de la Parole de Dieu, ils ont été séduits par le péché et entraînés dans l'apostasie. Le prophète Balaam est un parfait exemple d'un prophète séduit.
- **La deuxième catégorie** représente tous les agents de Satan prédestinés, préparés et envoyés pour éloigner les hommes de Dieu de la vérité.

Lorsque Jézabel fait son entrée au sein d'une assemblée locale, elle se présente avec des dons spirituels ahurissants qui peuvent être une belle voix, des dons de prophétie, de vision et de parole de connaissance, etc.

Elle œuvre dans le but d'atteindre le leader spirituel de l'église comme au temps d'Achab.

- ***Les 4 procédés que l'esprit de Jézabel introduit dans les églises locales :***

Nous étions bénis en lisant le livre de Douglas KIONGEKA NGANDU[38] sur la séduction dans les églises. Ainsi, cette partie a été tirée de son livre:

1) Par la tolérance du péché et par le mélange de la vérité et des fausses doctrines. En effet, une demi-vérité est un mensonge entier, car là où il n'y a plus de vérité, le mensonge et son père règnent[39].
2) Par les habitudes, c'est-à-dire les coutumes et les traditions des hommes[40].
3) Par les alliances contractées avec les systèmes religieux (notamment les fédérations œcuméniques) en vue de couvrir et de justifier le péché[41].

---

38 DOUGLAS KIONGEKA NGANDU, la séduction dans les églises, Edition : ANJC Productions, 2010, www.reformechretienne.org

39 Jean 8:44

40 Jérémie 2:13, 10:1-3 ; Matthieu 15:1-6

41 Esaïe 30:1-2 ; Esaïe 31:1-3

4) L'esprit de Jézabel cherche à prendre la place de l'autorité établie par Dieu dans le but de contrôler et d'éloigner le peuple de la vision de Dieu[42].

❋ ***Les 11 œuvres de l'esprit de Jézabel dans les églises locales***

Nous étions bénis en lisant le livre de Douglas KIONGEKA NGANDU[43] sur la séduction dans les églises. Ainsi, cette partie a été tirée de son livre:

1) L'esprit de Jézabel introduit l'idolâtrie dans les églises. Tout comme avec le peuple d'Israël du temps de Moïse (Exode 32), l'adoration du Dieu invisible a été remplacée par des représentations d'images taillées (Romains 1:23). On représente matériellement les réalités spirituelles. Derrière ces représentations se cache Satan ; il est ainsi indirectement adoré par beaucoup de chrétiens.
2) L'esprit de Jézabel œuvre de même au travers de la musique car la plupart des musiques jouées dans les églises d'aujourd'hui répondent aux désirs de l'âme (c'est-à-dire la chair) et la stimulent. Elles sont des copies conformes de la musique mondaine et ne donnent pas gloire à Dieu. Certaines musiques rythmées servent à entrer en transe et à invoquer les démons.

---

42 Proverbes 28:19

43 DOUGLAS KIONGEKA NGANDU, la séduction dans les églises, Edition : ANJC Productions, 2010, www.reformechretienne.org

3) L'esprit de Jézabel introduit dans les églises la sorcellerie, la peur, la haine, la violence, le divorce au sein des couples, la dislocation de la famille, les rivalités, les querelles, etc. en vue d'asseoir le règne de Satan. Cet esprit introduit la mort spirituelle et une atmosphère diabolique au sein des assemblées.
4) L'esprit de Jézabel conduit essentiellement les leaders spirituels au péché (l'amour de l'argent, du sexe, l'orgueil et l'idolâtrie). Une fois qu'ils sont totalement atteints par la souillure du péché, cet esprit peut alors facilement agir au sein des églises[44].
5) L'esprit de Jézabel favorise la prolifération de la doctrine des Nicolaïtes[45] qui consiste à contrôler et à dominer le peuple de Dieu.
   Pourtant, les leaders spirituels ne doivent ni contrôler ni dominer les âmes qu'ils conduisent. Ils doivent plutôt pratiquer l'amour, la douceur et être des modèles.
6) L'esprit de Jézabel fait l'usage de la peur et de l'intimidation place les chrétiens qui en sont victimes sous un joug particulièrement dévastateur. Ainsi ces derniers,

---

[44] Il pousse les leaders spirituels sous son contrôle à professer des choses liées à des objectifs personnels (profits), de sorte qu'ils ne dispensent plus droitement la Parole de Dieu. Ainsi, leurs enseignements et leurs prédications sont centrés sur les choses terrestres (l'argent et le matériel) et sur eux-mêmes et non plus sur la personne de Jésus-Christ et de l'Evangile pur qui contribue à l'édification du corps du Christ.

[45] Les Nicolaïtes signifie dominateur du peuple. Dans les assemblées chrétiennes sont les leaders qui contrôlent la vie des fidèles et ne les associent pas à l'exercice de l'œuvre du ministère. Ils étendent leur influence à la vie privée, intime, familiale ou professionnelle des membres et les dirigent parfois dans leurs prises de décisions. Pour arriver à leurs fins, les Nicolaïtes procèdent essentiellement par l'intimidation et la menace des représailles (1 Rois 19:2).

par contrainte de perdre leur place ou leur fonction au sein des églises cèdent aux péchés.

7) L'esprit de Jézabel fait que la chaire de l'église locale soit le lieu public de règlement de comptes et de réprimandes. Plusieurs pasteurs font peser sur les personnes qu'ils entendent opprimer un sentiment de culpabilité.

   Par exemples: Les accusations, les condamnations, les interdictions, les menaces de malédiction et de mort, voire même l'excommunication restent des armes de prédilection de leur autoritarisme.

8) L'esprit de Jézabel transforme les personnes au sein des églises; elles deviennent égoïstes, imbues d'elles-mêmes, enflées d'orgueil, suffisantes et intraitables. Toutes les personnes possédées par cet esprit sont avides d'influence, de poste, de pouvoir, d'argent ou de domination. Elles n'hésitent pas à utiliser la séduction et le mensonge pour faire éliminer ceux qui leur résistent.

9) L'esprit de Jézabel a aussi la mission d'établir la liturgie dans les églises afin d'empêcher le peuple de Dieu de suivre l'orientation du Saint-Esprit[46]. Il est important de comprendre que le Seigneur Dieu n'est pas statique mais qu'il bouge avec le temps et ceux qui sont de lui doivent donc suivre ses mouvements[47].

---

[46] L'esprit de Jézabel essaie par tous les moyens de maintenir les chrétiens dans la religion afin qu'ils stagnent et finissent par abandonner la marche selon l'Esprit. En effet, la religion avec son lot de méthodes et de rites apparaît comme une boîte qui empêche les chrétiens de bouger avec Dieu ; ils se focalisent sur leur passé ou sur leurs acquis plutôt que sur l'avenir.

[47] Jean 3:8

Par exemple, on sait que le culte débutera par la louange, ensuite il y aura le moment des témoignages, puis le sermon du pasteur et enfin les offrandes et la bénédiction finale. Aucune place n'est accordée à l'Esprit !

Ces programmes sont des systèmes, des traditions humaines qui procurent une certaine sécurité au clergé au détriment de la spontanéité de l'Esprit qui se meut et ne peut en aucun cas être contrôlé par les hommes.

Jean 3:8 nous dit: «***Le vent souffle où il veut, et tu en entends le bruit ; mais tu ne sais d'où il vient, ni où il va. Il en est ainsi de tout homme qui est né de l'Esprit*** ».

10) L'esprit de Jézabel empêche l'effusion de l'Esprit prophétique dans les églises parce qu'il dévoile ses œuvres. Ainsi, pour accomplir ses desseins pernicieux parmi le peuple de Dieu, il est primordial pour Jézabel d'étouffer l'onction prophétique ; les conducteurs prophétiques sont donc la cible principale de son acharnement.

Il y a des églises locales où lorsqu'une personne est sous une transe prophétique, il est arrêté directement.

11) L'esprit de Jézabel est le fondement de la sorcellerie, de la jalousie, de l'autoritarisme et de la confusion dans les églises. Il favorise également des problèmes liés au leadership qui se soldent souvent par des conflits acharnés, des séparations au milieu des chrétiens et des divisions au sein des églises. Jézabel cause des dégâts considérables !

18ÈME MOYEN

LA PERTE DE LA PRESENCE, GLOIRE DE DIEU

«LES SERVITEURS I-KABOD»

Par la mort à la croix et par la déchirure du voile du temple, Jésus-Christ est devenu, pour les saints qui constituent l'Église, un mystère révélé[48].

Depuis lors, l'Eglise a été investie de la mission de révéler Jésus-Christ, la Sagesse infiniment variée de Dieu aux dominations et autorités dans les lieux célestes[49]. Cela n'est possible que par la manifestation de la gloire, de la puissance de Dieu.

Le péché a chassé plusieurs serviteurs de Dieu de la gloire de Dieu et par conséquence, ils ont perdus la puissance de Dieu. Ils sont donc restés **«des serviteurs I-Kabod».**

Cela se fait remarquer dans la vie de David. Quand David vivait dans la présence de Dieu, il opérait de gloire en gloire. Il allait d'onction en onction, de victoire en victoire et le nombre de ses richesses, de ses possessions et même de ses enfants allait grandissant. Il vivait et était vivant dans la présence de Dieu.

---

[48] DOUGLAS KIONGEKA NGANDU, L*a séduction dans les églises,* Edition : ANJC Productions, Alliance des Nations pour Jésus-Christ, 2010, www.reformechretienne.org
[49] Ephésiens 3:10

Mais lorsqu'il est tombé dans le péché avec la femme d'Urie, il était sorti de la couverture de cette présence et Dieu avait tué l'enfant de cette union.

L'absence de la présence de Dieu dans la vie de David, lui a apporté d'autres malheurs. Son fils Amnon va violer sa demi-sœur Thamar, fille de David, donnant lieu à une autre soustraction. Absalom, le frère de Thamar, tuera Amnon pour se venger de sa sœur, une soustraction de plus. Ce même Absalom va se rebeller contre son père David pour devenir roi : c'est la division qui intervient. Et finalement, Joab va tuer Absalon malgré que David le lui ait interdit.

« La vie du péché entraine une soustraction dans la vie d'un serviteur de Dieu et handicap son ministère ».

C'est en revenant vers Dieu par la repentance que trône de David sera de nouveau restauré[50].

Cela était remarqué aussi dans la vie de Saül, C'est en étant dans la présence de Dieu que Saül reçut la royauté par la bouche de Samuel, le prophète. Son armée, ses biens ainsi que sa royauté croissaient et se multipliaient. Il allait de gloire en gloires. Malheureusement, il quitta la présence de Dieu à cause de sa désobéissance par la révolte, l'impatience et la divination. Dès lors, le malheur s'abatta dans sa vie[51].

---

50 2 Samuel 12 :1- 19

51 1 Samuel 10 : 1-13, 1 Chroniques 10 : 1-14

Par conséquence, Saül a perdu l'onction et l'Esprit de Dieu a été remplacé par un démon. Pendant son règne, on chantait déjà : « Saül a tué ses milles et David ses dix milles ».

La descendance de Saül n'a pas hérité de la royauté. Il est mort le même jour que son héritier. Et toute sa descendance a été exclue de la royauté.

Malheureusement, à l'opposé de David, Saül ne s'est pas repenti et mourut dans son péché. Les serviteurs I Kabod finissent mal, loin de Dieu, loin de sa présence, loin de sa gloire.

19EME MOYEN

LE MANQUE DES FRUITS DE L'ESPRIT

Le diable par sa ruse a éteint les fruits de l'esprit dans le ministère de plusieurs serviteurs de Dieu alors que les fruits de l'Esprit sont des signes d'une vraie conversion et tous les chrétiens sont appelés à les porter sans exception.

Dans le ministère, elles sont les preuves qui authentifient les vrais serviteurs de Dieu. Ainsi, tout homme ou femme de Dieu doit être reconnu pas le fruit qu'il porte en lui.

Jésus nous avertit dans Matthieu 7:16-20 «***Vous les reconnaîtrez à leurs fruits***. *Cueille-t-on des raisins sur des épines, ou des figues sur des chardons ? Tout bon arbre porte de bons fruits, mais le mauvais arbre porte de mauvais fruits. Un bon arbre ne peut porter de mauvais fruits, ni un mauvais arbre porter de bons fruits.* ***Tout arbre qui ne porte pas de bons fruits est coupé et jeté au feu. C'est donc à leurs fruits que vous les reconnaîtrez***».

« Les serviteurs de Dieu sont reconnus premièrement par les fruits l'Esprit et non par les dons spirituels ».

L'apôtre Paul présente dans galates 5:22 neuf fruits de l'Esprit-Saint: « *Mais le fruit de l'Esprit, c'est l'amour, la joie, la paix, la patience, la bonté, la bénignité, la fidélité, la douceur, la tempérance* ».

Expliquons un peu les neuf fruits de l'Esprit:

1) L'amour

C'est le fruit par excellence car Dieu est amour[52]. C'est l'amour, fruit de l'Esprit, qui nous donne de la valeur et non les dons spirituels.

Une fois que l'on a reçu l'amour du Père, il est plus facile d'aimer son prochain comme soi-même. Malheureusement, la haine caractérise tant de ceux qui se disent être des serviteurs de Dieu.

Les Grecs utilisaient plusieurs mots pour dire «amour», selon la force et la nature de l'amour en question. En français, il existe un seul mot pour parler de l'amour, et c'est pour cela qu'on les traduit tous par le même mot.

Il est donc intéressant de savoir quels sont les différents mots que les grecs employaient pour parler de l'amour ainsi que leurs nuances.

Notons 3 types d'amours:

- **L'Amour (Éros):** Il s'agit de l'amour passionné que nos sens peuvent provoquer. Il a donné en français *«érotique»*. Le mot érotisme provient d'Éros. Il s'agit de l'attirance physique qu'un homme peut éprouver pour une femme ou une femme pour un homme. C'est ce mot que les Grecs

[52] 1 Jean 4:8

utilisaient pour parler du *«coup de foudre»* ou de la *«séduction»*.

- **L'Amour (Philos ou Phileo):** C'est l'amitié fraternelle. Il s'agit de l'affection que chacun de nous peut avoir pour quelqu'un de sympathique que l'on fréquente régulièrement et pour qui l'on a de la bienveillance. Il peut s'agir d'un collègue de travail, d'un camarade de classe, etc.

Autrement dit, l'amour phileo, c'est un amour qui aime seulement celui m'aime et qui hait celui qui me hait.

- **L'Amour (Agapè):** Il s'agit de l'Amour dans le sens le plus noble et le plus solide, d'où le fait qu'il soit souvent écrit avec un «A» majuscule. C'est un Amour totalement divin, actif et désintéressé. Il est sincère, et indestructible.

Cet amour est répandu dans les cœurs des chrétiens par le Saint-Esprit[53]. Il peut englober les trois autres, leur donnant ainsi à chacun sa noblesse et sa solidité. Il est capable, par la simple volonté, de dépasser le cadre des trois autres et de s'appliquer à des personnes peu fréquentées ou inconnues.

Il peut enfin détruire progressivement la haine éprouvée pour quelqu'un. C'est ce mot qui est utilisé dans le Nouveau Testament lorsqu'on parle de l'Amour de Dieu pour les hommes (Jean 3:16), de l'Amour des chrétiens pour Dieu et de l'Amour que les chrétiens doivent manifester les uns envers les autres et de l'amour que les chrétiens doivent manifester

---

53 Romains 5:5

envers ceux qui ne connaissent pas Dieu. Cet amour est aussi traduit par *«charité»*.

En effet, avec l'amour agapè on ne peut pas dire aimer Dieu et haïr son prochain. De la même façon on ne peut pas aimer son prochain et dire haïr Dieu. Avec cet amour, on peut aimer celui qui vous hait et même mon pire ennemi.

L'amour selon 1 Corinthiens 13 « *n'est point envieux, l'amour ne se vante pas, il ne s'enfle pas d'orgueil, il ne fait rien de malhonnête, il ne cherche pas son intérêt, il ne s'irrite pas, il ne soupçonne pas le mal, il ne se réjouit pas de l'injustice, il se réjouit de la vérité, il est patient, il est bon, il excuse tout, il croit tout, il espère tout, il supporte tout, il ne passera jamais.*»

Cela va vous choquer mais c'est une vérité:

« Alors que les ivrognes réparent leurs problèmes devant une bouteille de whisky, tant d'hommes de Dieu gardent la haine envers leurs collègues ministérielles avec la Bible à la main ».

- **Témoignage**: Une fois j'ai été invité dans une réunion dans une église locale pour la prière ; lors du culte la personne qui dirigeait la prière (le serviteur de Dieu) va demander à l'assemblée: « prendre un papier et vous allez écrire les noms des gens que vous savez et que vous suspecter comme étant des sorciers qui bloquent vos vies. Nous alors faire une prière pour les détruire, les bruler et les tuer. Ses gens-là qui bloquent ton foyer, tes enfants, ton travail, etc.

Tes ennemis doivent mourir, même si c'est tes familiers, tes parents…».
J'étais tres triste de voir qu'un homme de Dieu peut attirer la haine dans les cœurs des enfants de Dieu.

« Plusieurs serviteurs de Dieu, rendent leurs fidèles des véritables haineux envers leurs mari(e)s, enfants, frères et sœurs au nom du combat spirituel ».

Comme l'a affirmé le Prophète Merveille MIKAJO dans l'un de ses enseignements:

« **Tu portes des habits de secondes mains en provenance de l'Europe, connaisses-tu l'état d'âme de ceux qui les ont portés avant toi ? Mais pour aider ton frère tu veux savoir son état d'âme** ».

Au lieu d'apprendre l'église l'amour, on l'apprend haine. Or, les conséquences de la haine sont les médisances, les critiques, la calomnie, le meurtre, les divisions, la rébellion, les troubles, le tribalisme etc. c'est ce que nous observons dans plusieurs églises locales.

2) La joie

Joie se dit en grec **«gil»** et veut dire «sauter, bondir de joie», **«simhah»** ou **«sameah»** signifie «briller» ou «être lumineux», et enfin le terme grec **«chara»** se traduit par «joie intense».

Le mot traduit par «joie» en français recouvre plusieurs mots hébreux ou grecs qui ont des significations différentes et importantes pour saisir le sens profond de la joie. Ce mot est de la même famille que **«charis»,** c'est-à-dire «la grâce».

Nous pouvons donc dire que la joie découle de la grâce. La joie est aussi un fruit de l'Esprit de Dieu puisqu'Il nous commande d'être toujours joyeux (1 Thessaloniciens 5:16).

La joie accompagne tous ceux qui sont disciples de Jésus-Christ, car tous ceux qui marchent par l'Esprit de Dieu son fils de Dieu et la joie leur est donnée par le Saint-Esprit. *«Et les disciples étaient* ***remplis de joie*** *et du Saint-Esprit»* Actes 1:52.

La joie c'est le fait de toujours entretenir des paroles, des pensées, des sentiments et des actions qui soient : positifs ; porteurs de beauté ; porteurs d'espoir et d'espérance ; porteurs de confiance (et non de peur ou de méfiance).

3) La paix

Le terme *«paix»* vient du grec ***«eirene»,*** qui est l'état tranquille de l'âme assurée de son salut à travers Jésus-Christ. Le contraire de la paix, c'est le trouble, l'agitation, etc.

La paix du cœur n'est rien d'autre que la confiance, l'apaisement, l'assurance ou la foi dans le Dieu qui ne ment jamais. L'argent ne peut procurer cette paix que seul le Saint-Esprit donne. Un homme peut avoir toute la richesse du monde et manquer de paix. Cette paix est le contraire de la peur. Dans le livre des Psaumes 29, David dit : *«l'Éternel est mon berger ; je ne manquerai de rien…»*

La paix c'est le fait de *« tourner l'autre joue »*, de répondre au mal par le bien, par des solutions constructives, par l'ordre, la discipline, la stabilité, le respect de la nature *(ne pas aller contrenature)*.

Si nous avons fait la paix avec Dieu, nous devons aussi faire la paix avec notre prochain. On ne peut pas dire avoir fait la paix avec Dieu et haïr son frère.

Le Seigneur nous donne un ordre *«Recherchez **la paix avec tous**, et la sanctification, sans laquelle personne ne verra le Seigneur»* Hébreux 12:14.

Cet ordre est clair et précis : Recherchez la paix avec tous. Il n'est pas dit avec vos amis seulement mais avec tous. C'est-à-dire même avec les personnes qui sont dures et méchantes. Jean dit : *«Si quelqu'un dit : J'aime Dieu, et qu'il haïsse son frère, c'est un menteur ; **car celui qui n'aime point son frère qu'il voit, comment peut-il aimer Dieu qu'il ne voit pas ?**»* 1 Jean 4:20.

Le Seigneur nous a laissé deux commandements : *«**Tu aimeras le Seigneur ton Dieu de tout ton cœur, de toute ton âme, de toute ta pensée, et de toute ta force.** C'est là le premier commandement. Et voici le second qui lui est semblable : **Tu aimeras ton prochain comme toi-même**»* (Marc 12:30-31).

Dans Matthieu 18:22, le Seigneur a dit à Pierre qu'il devait pardonner jusqu'à "*soixante-dix fois sept fois*".

Romain 12:14 dit: «***Bénissez ceux qui vous persécutent ; bénissez, et ne maudissez point***».

Jésus dit dans Matthieu 5:23 «*Si donc tu apportes ton offrande à l'autel,* ***et que là tu te souviennes que ton frère a quelque chose contre toi, laisse là ton offrande devant l'autel, et va-t'en premièrement te réconcilier avec ton frère*** *; et après cela viens, et présente ton offrande*».

4) La patience

La patience c'est la capacité de tolérer les imperfections, les contrariétés et les contretemps, et aussi la capacité d'attendre, parfois très longtemps, ce que l'on désire.

Ce fruit nous empêche de murmurer contre Dieu à cause de nos souffrances. Il doit être manifesté pendant la souffrance. «*Heureux l'homme* ***qui supporte patiemment la tentation*** *; car, après avoir été éprouvé, il recevra la couronne de vie, que le Seigneur a promise à ceux qui l'aiment*» (Jacques 1:12).

« Beaucoup de serviteurs de Dieu sont des impatients, ils commencent le ministère aujourd'hui et veulent directement avoir une grande église locale. Certains sans avoir encore atteint l'âge de la maturité spirituelle, veulent commencer l'exercice du ministère ».

Ne faisons pas comme Moïse qui voulut répondre à l'appel avant la fin du temps de gestation, ce qui provoqua le rejet de ses frères (Exode 2:11-15).

Les dix vierges de Matthieu 25 s'étaient assoupies et endormies parce qu'il leur manquait la patience. «*Comme l'époux tardait, toutes s'assoupirent et s'endormirent*» Matthieu 25:5.

Le diable aime plonger les serviteurs de Dieu dans l'impatience et la précipitation.

5) La bonté

C'est la qualité qui consiste à se soucier des autres. Le contraire de la bonté c'est la méchanceté. La bonté nous empêche de faire les choses avec des motivations impures.

Une personne qui a le cœur bon est comme un enfant. Ceux qui ont la bonté comme fruit de l'Esprit refusent de calomnier, de diffamer les autres. Même si on leur fait du mal, ils refusent de se faire justice et préfèrent se retirer en douceur. Dans la bonté il y a la pureté, l'innocence, l'humilité, la compassion, la miséricorde, etc.

6) La bénignité

Être bienveillant c'est avoir de l'indulgence, de l'amabilité, de la douceur envers les autres. Bénignité vient du grec ancien **«chrestotes»** qui est la racine en grec ancien du Nom «Christ» et ce nom a été donné à notre Seigneur et Sauveur Jésus-Christ.

La bienveillance est un fruit qui nous permet d'exercer la miséricorde de Dieu. C'est la qualité d'une volonté qui vise le bien et le bonheur des autres. «*Ne faites rien par esprit de parti ou par vaine gloire, mais que l'humilité vous fasse regarder les autres comme étant au-dessus de vous-mêmes.* ***Que chacun de vous, au lieu de considérer ses propres intérêts, considère aussi ceux des autres***» Philippiens 2:3-4.

La bienveillance est la disposition favorable envers les autres quel que soit leur origine, race, sexe, etc.

7) La fidélité

C'est faire ce qui est "*droit et juste*". C'est respecté un veau. Le Dictionnaire Biblique ajoute, pour être juste, il faut c'est se purifier de l'infidélité.

La fidélité est le fait de s'abstenir de certaines choses pour honorer une relation, une convention, une alliance, etc. La fidélité envers Dieu c'est de marcher selon ses voies. Marcher selon sa justice. C'est soit l'intégrité, l'honnêteté, le respect de notre parole et de nos engagements.

Dans Psaume 37:37 David dit, « *Car l'Eternel aime la justice, et il n'abandonne pas ses fidèles, ils sont toujours sous sa garde* ».

8) La douceur

C'est la douceur, soit la docilité, l'obéissance, le respect des lois, des règles, des règlements et de l'autorité.

Juges 9:11 dit: *«Mais le figuier leur répondit : Renoncerais-je à ma douceur et à mon excellent fruit, pour aller planer sur les arbres ?»*

Le figuier, symbole de la douceur, nous parle de Jésus-Christ notre Seigneur. *«Venez à moi, vous tous qui êtes fatigués et chargés, et je vous donnerai du repos. Prenez mon joug sur vous et recevez mes instructions, car je suis doux et humble de cœur ; et vous trouverez du repos pour vos âmes. Car mon joug est doux, et mon fardeau léger»* Matthieu 11:28-30.

9) **La tempérance** (maitrise de soi)

La maîtrise de soi vient du grec «egkrateia» et est dérivée de «egkrates» qui signifie **«être fort dans une chose»** ou «en maîtrise» et, de là, il signifie **«le contrôle dans l'appétit et la modération».**

Ce fruit vous évitera beaucoup de problèmes. Grâce à ce fruit, vous allez réfléchir avant de parler, de juger, de répondre, etc. La maîtrise de soi est en réalité la maîtrise de nos sens.

20EME MOYEN

LES MAUVAIS ESPRITS

Ephésiens 6:12 dit, « *Car nous n'avons pas à lutter contre la chair et le sang, mais **contre les principautés, contre les pouvoirs, contre les dominateurs des ténèbres d'ici-bas, contre les esprits du mal dans les lieux célestes*** ».

Dans une église locale, les mauvais esprits sont envoyés par le diable pour empêcher la croissance spirituelle des enfants de Dieu et affaiblir les ministeres de serviteurs de Dieu.

Les serviteurs de Dieu ne doivent pas ignorer la nécessité du combat spirituel.

Dans le Nouveau Testament, les chrétiens sont en effet exhortés à être prêts pour le combat spirituel. Il existe différentes catégories de démons et leur organisation.

L'apôtre Paul révèle les quatre catégories de démons qui constituent le gouvernement de Satan :

1) Les esprits méchants dans les lieux célestes ;
2) Les princes de ce monde de ténèbres ;
3) Les autorités ;
4) Les dominations.

Il est regrettable de constater que dans plusieurs églises locales et surtout dans des groupes de prières ; les gens viennent dans des réunions de prières en pensant que leurs ennemis est soit: son frère, ses parents, ses tantes et oncles…

« Il est honteux de voir que le combat spirituel est transformé a une association des malfaiteurs, des haineux, des vengeurs, etc ».

- **Témoignage**: Lorsque je fus étudiant à l'Université Officielle de Bukavu, en RDC. Une jeune fille X[54] dont je fréquentais m'a fait part de la prophétie qu'elle avait reçue dans une réunion de prière. Ce prophète avait dit à la fille X: *« ma fille, tu as des sérieux problèmes. Si tu ne trouves pas de travail c'est à cause de la fillette que tu fais loger dans ta maison. C'est elle qui est à l'origine de ton manque d'emploi aussi de ton célibat. Dans ta maison, il y a des choses enterrées par cette fillette. Il faut faire tout possible pour que cette fillette te disse l'endroit qu'elle a caché ses choses par tous les moyens….»*. C'était le message que la fille X avait reçu dans une réunion de prière. Ce qui est regrettable, après la fille est rentré dans sa maison pour menacer la fillette de dire si elle est sorcière. A force du refus, la fillette sera tabassée et sera forcée de dire où est-ce qu'elle a enterrée dans la maison ses fétiches. A force de résister, elle a été brûlée les doigts…. Puis chasser au village. Pour la fille X, il fallait tuer ses ennemis.

Toutes ses pratiques sont faites au nom du combat spirituel alors que c'est faux et diabolique.

Jésus dit dans Matthieu 5:43-48 : *« Vous avez entendu qu'il a été dit : Tu aimeras ton prochain et tu haïras ton ennemi. Eh bien! moi je vous dis : **Aimez vos ennemis, et priez pour vos persécuteurs,***

---

[54] *Je ne peux pas me permettre de citer son nom ici.*

afin de devenir fils de votre Père qui est aux cieux, car il fait lever son soleil sur les méchants et sur les bons, et tomber la pluie sur les justes et sur les injustes. Car si vous aimez ceux qui vous aiment, quelle récompense aurez-vous? Les publicains eux-mêmes n'en font-ils pas autant ? Et si vous réservez vos saluts à vos frères, que faites-vous d'extraordinaire ? Les païens eux-mêmes n'en font-ils pas autant ?Vous donc, vous serez parfaits comme votre Père céleste est parfait ».

Les serviteurs de Dieu doivent revenir au véritable combat spirituel et d'arrêter de combat dans la chair et le sang.

- **Témoignage**: Une fois dans ma famille, nous avions perdu un familier. C'était un évènement très triste car sa mort était inopinée. Après enterrement et à ma grande surprise ; quelques membres de la famille sont venus avec un marabout pour savoir la cause et qui ont été derrière sa mort.
  C'était un événement qui m'avait tellement bouleversé de voir que tous ses gens qui ont fait venir ce marabout sont des chrétiens et pire encore des serviteurs et servantes de Dieu…

Plusieurs personnes préfèrent consulter le diable lorsqu'ils sont devant des situations difficiles de la vie. Je connais des gens qui ont consulté les faux prophètes qui sont des marabouts pour savoir pourquoi ils ne sont pas mariés, pourquoi ils n'ont pas d'enfants, pourquoi ils souffrent, pourquoi il y a des morts dans la famille, etc. C'est regrettable de voir cela même parmi des chrétiens. Et tout cela attire malheureusement la haine.

✸ *Quelles sont les véritables armes spirituelles ?*

Dieu a donné à l'Eglise toutes les armes spirituelles pour mener à bien le combat spirituel contre le diable. L'apôtre Paul parle de 7 armes spirituelles dans Ephésiens 6:13-18:

1) **La cuirasse de la justice:** La cuirasse est une partie de l'armure formée d'une ou plusieurs pièces de métal ou d'autres matériaux rigides, qui protège le corps depuis le cou jusqu'au ventre. Dans le combat spirituel, il faut croire à sa justification. Romains 3:28 *« Car nous pensons que l'homme est justifié par la foi, sans les œuvres de la loi.»*
2) **La ceinture de vérité:** La ceinture est une bande de cuir ou de tissus. Pour que notre nudité (péché) ne paraisse plus, le vêtement de justice doit être maintenu par la ceinture de la vérité. En mourant à la croix, Christ a remplacé nos vêtements souillés par le péché par un vêtement de justice. N'oublions pas que le diable est le père du mensonge comme le dit Jean 8 : 44. Il cherchera toujours à vous prouver dans le combat que vous êtes un pécheur. Mais la ceinture te permet de demeurer dans la vérité de la parole de Dieu.
3) **Le zèle de l'Evangile de Paix:** l'Évangile, c'est-à-dire la Parole de Dieu qui doit être proclamée.
4) **Le bouclier de la foi:** Le bouclier est une arme défensive portée à la main servant à se protéger contre les coups.

La Bible parle du bouclier de la foi. La foi vient donc compléter et renforcer la cuirasse de la justice. Romains 10 :17 dit: *« Ainsi la foi vient de ce qu'on entend, et ce qu'on entend vient de la parole de Christ. »*

5) **Le casque du salut:** Le casque est une partie de l'armure qui protège la tête qui est le siège de la réflexion et de l'intelligence.
   L'homme spirituel qui marche avec Dieu connait la pensée de Christ et se laisse diriger par elle. Le casque du salut a pour vocation de nous préserver des actions néfastes et de garder nos pensées dirigées vers Christ et son Royaume.
6) **L'épée de l'Esprit:** L'épée est une arme offensive (agressive, combative, batailleuse, etc.) l'épée de l'esprit c'est la parole de Dieu.
   Hébreux 4 :12-13 dit: *« Car la Parole de Dieu est vivante et efficace,* ***et plus pénétrante qu'aucune épée à deux tranchants, et atteignant jusqu'à la division de l'âme et de l'esprit, et des jointures et des moelles ; et elle juge les pensées et les intentions du cœur…*** *».*
7) **Les prières faites par l'esprit:** La prière étant un échange, c'est bien entendu dans ce moment privilégié de se fortifie dans la présence de Dieu et reçoit des instructions précises pour l'aider à atteindre les objectifs qui lui sont assignés.
   Jésus dit, *«* ***Veillez et priez,*** *afin que vous ne tombiez pas dans la tentation, car l'esprit est prompt, mais la chair est faible »* Matthieu 26 :41.

« **Toutes les armes spirituelles ont un seul soubassement** (base, fondation) **la parole de Dieu ».**

CONCLUSION

«Vaut mieux prévenir que guérir», dit-on. Lorsqu'on sait après quoi et comment se mettre en garde, la possibilité pour Satan de nous faire tomber s'en trouve sérieusement réduite.

Par ce livre sur les 20 moyens que le diable use pour détruire les serviteurs de Dieu ; le Seigneur Jésus-Christ m'a dit de sonne la trompette !

Loin de moi la prétention de penser avoir tout dit, sachant qu'il existe encore d'autres moyes que le diable use pour détruire les serviteurs de Dieu.

Le vœu de mon cœur est que tu ne tombes pas dans le piège d'apprécier les vérités contenues dans cet ouvrage sans les appliquer à ta vie et les partager aux autres.

Je crois que ce livre t'a particulièrement béni et que tu ne seras plus jamais la même personne. Ne garde pas ce livre pour toi seul, j'accorde la permission à toute personne qui désire imprimer ou photocopier ce livre pour usage personnel ou pour les autres.

Que toute la gloire soit rendue à celui qui nous aime et nous perfectionne, Jésus-Christ de Nazareth ! Le Seigneur est entrain de purifier son Eglise, en vue des noces, Alléluia !

Que Dieu vous bénisse !

BIOGRAPHIE

1. David GOMA et Joël SPINKS, *Les 5 ministères,* https://emcitv.com/page/texte/les-5-ministeres-le-docteur-et-les-ministeres-d-aide-41405.html
2. Douglas KIONGEKA NGANDU, *la séduction dans les églises*, Edition ANJC, 2010, www.reformechretienne.org
3. Dr. William ERWIN MCCAULEY, *La Musique Chrétienne Contemporaine,* Le Talon d'Achille du Culte Chrétien http://sentinellenehemie.free.fr/wemccauley1.html
4. Gaël EBA-GATSE, *Piège à éviter pour enfants et serviteurs de Dieu,* https://emcitv.com/gael-eba-gatse/texte/piege-a-eviter-pour-enfants-et-serviteurs-de-dieu-11585.html
5. Http://www.ebc-ecolebiblique.com
6. Hubert MIYIMI, *Pourquoi suis-je marié*, Editions MilGracias.
7. *Le mariage aventure d'amour,* Cours de préparation au mariage, Manuel pour pasteurs et conseillers, document disponible sur: www.google.com
8. Magazine Ressources Spirituelles. *10 facteurs de stress pour la femme de pasteur.* N°5. Rhode St Genèse, Belgique. Automne 2002.
9. Moïse ILOKO KITUMBAMOYO, *Les 3 choses qui fragilisent et détruisent les fiançailles*, CEME, 2020.
10. Moïse ILOKO KITUMBAMOYO, *Les offrandes abusives dans les églises locales*, la grandeur, 2021.
11. Moïse ILOKO KITUMBAMOYO, *Vous devez tuer vos ennemis. Une fausse doctrine*, la grandeur, 2021.
12. Richard DORTCH, Integrity: *How I Lost It, and My Journey Back* (Green Forest, Arkansas: New Leaf Press, 1992.
13. Rick WARREN, *Les cinq ministères*, Church Team Ministries International Trianon, 2015. www.ctmi.org
14. Shora KUETU, *Pasteur ou chef d'entreprise,* 2006 Edition : ANJC, www.reformechretienne.org ; www.anjc.fr ;

15. Shora KUETU, *Le feu étranger dans les églises,* Edition : ANJC, www.reformechretienne.org ; www.anjc.fr ;
16. Stephen LIM, *Gardez-vous des échardes de satan sept moyens que l'ennemi utilise pour affaiblir les pasteurs,* www.societebiblique.ca
17. Stephen LIM, *Overcoming the Superman Syndrome,* Ministry International Journal for Pastors, May 2002.
18. Walter KALLESTAD, *Redefining Success,* Fuller Theology, News, & Notes, Fall 6. Originally published in Leadership Journal, 2006.

Table des matières

Printed by Books on Demand GmbH, Norderstedt / Germany

Raoul Osborn

Comment prier selon la volonté de Dieu ?

Raoul Osborn

Comment prier selon la volonté de Dieu ?

La prière nous rapproche de Dieu, faite avec foi elle nous ouvre les écluses des cieux

Éditions Croix du Salut

Imprint
Any brand names and product names mentioned in this book are subject to trademark, brand or patent protection and are trademarks or registered trademarks of their respective holders. The use of brand names, product names, common names, trade names, product descriptions etc. even without a particular marking in this work is in no way to be construed to mean that such names may be regarded as unrestricted in respect of trademark and brand protection legislation and could thus be used by anyone.

Cover image: www.ingimage.com

Publisher:
Éditions Croix du Salut
is a trademark of
Dodo Books Indian Ocean Ltd. and OmniScriptum S.R.L publishing group

120 High Road, East Finchley, London, N2 9ED, United Kingdom
Str. Armeneasca 28/1, office 1, Chisinau MD-2012, Republic of Moldova, Europe
Printed at: see last page
ISBN: 978-620-3-84546-4

Table des matières

Introduction

Dans l'histoire des hommes et des femmes ont adressé des prières à Dieu, et ont vu des résultats se produire, et leur vie et la vie de leur entourage ont été transformées, pour d'autres encore leurs prières ont transformé le cours de l'histoire des nations. Nous allons dans cet ouvrage parlé de la puissance de la prière, nous allons voir ensemble comment prier efficacement. « Tous les passages bibliques de cet ouvrage sont tirés de la version Louis Segond Edition révisé 1910 ».

Chapitre 1. Qu'est-ce que la prière ?

La prière c'est la communion qu'une personne a avec Dieu quand elle lui parle, en lui adressant des demandes, des supplications, des louanges ou des actions de grâce. Il ya dans la Bible plusieurs passages qui encourage les croyants à prier :

Matthieu 7

7.7

Demandez, et l'on vous donnera ; cherchez, et vous trouverez ; frappez, et l'on vous ouvrira.

7.8

Car quiconque demande reçoit, celui qui cherche trouve, et l'on ouvre à celui qui frappe.

1 Thessaloniciens 5

5.17

Priez sans cesse.

Ephésiens 6

6.18

Faites-en tout temps par l'Esprit toutes sortes de prières et de supplications. Veillez à cela avec une entière persévérance, et priez pour tous les saints.

A. La prière de Samson.

Juges 15

15.14

Lorsqu'il arriva à Léchi, les Philistins poussèrent des cris à sa rencontre. Alors l'esprit de l'Éternel le saisit. Les cordes qu'il avait aux bras devinrent comme du lin brûlé par le feu, et ses liens tombèrent de ses mains.

15.15

Il trouva une mâchoire d'âne fraîche, il étendit sa main pour la prendre, et il en tua mille hommes.

15.16

Et Samson dit : Avec une mâchoire d'âne, un monceau, deux monceaux ; Avec une mâchoire d'âne, j'ai tué mille hommes.

15.17

Quand il eut achevé de parler, il jeta de sa main la mâchoire. Et l'on appela ce lieu Ramath Léchi.

15.18

Pressé par la soif, il invoqua l'Éternel, et dit : C'est toi qui a permis par la main de ton serviteur cette grande délivrance ; et maintenant mourrais je de soif, et tomberais-je entre les mains des incirconcis ?

15.19

Dieu fendit la cavité du rocher qui est à Léchi, et il en sortit de l'eau. Samson but, son esprit se ranima, et il reprit vie. C'est de là qu'on a appelé cette source En Hakkoré; elle existe encore aujourd'hui à Léchi.

15.20

Samson fut juge en Israël, au temps des Philistins, pendant vingt ans.

B. La prière du Roi Ezeckias :

2 Rois 20

20.1

En ce temps-là, Ézéchias fut malade à la mort. Le prophète Ésaïe, fils d'Amots, vint auprès de lui, et lui dit : Ainsi parle l'Éternel : Donne tes ordres à ta maison, car tu vas mourir, et tu ne vivras plus.

20.2

Ézéchias tourna son visage contre le mur, et fit cette prière à l'Éternel :

20.3

O Éternel ! souviens-toi que j'ai marché devant ta face avec fidélité et intégrité de cœur, et que j'ai fait ce qui est bien à tes yeux ! Et Ézéchias répandit d'abondantes larmes.

20.4

Ésaïe, qui était sorti, n'était pas encore dans la cour du milieu, lorsque la parole de l'Éternel lui fut adressée en ces termes :

20.5

Retourne, et dis à Ézéchias, chef de mon peuple : Ainsi parle l'Éternel, le Dieu de David, ton père : J'ai entendu ta prière, j'ai vu tes larmes. Voici, je te guérirai ; le troisième jour, tu monteras à la maison de l'Éternel.

20.6

J'ajouterai à tes jours quinze années. Je te délivrerai, toi et cette ville, de la main du roi d'Assyrie ; je protégerai cette ville, à cause de moi, et à cause de David, mon serviteur.

20.7

Ésaïe dit : Prenez une masse de figues. On la prit, et on l'appliqua sur l'ulcère. Et Ézéchias guérit.

C. La prière de Anne ;

1 Samuel 1

1.1

Il y avait un homme de Ramathaïm Tsophim, de la montagne d'Éphraïm, nommé Elkana, fils de Jeroham, fils d'Élihu, fils de Thohu, fils de Tsuph, Éphratien.

1.2

Il avait deux femmes, dont l'une s'appelait Anne, et l'autre Peninna; Peninna avait des enfants, mais Anne n'en avait point.

1.3

Chaque année, cet homme montait de sa ville à Silo, pour se prosterner devant l'Éternel des armées et pour lui offrir des sacrifices. Là se trouvaient les deux fils d'Éli, Hophni et Phinées, sacrificateurs de l'Éternel.

1.4

Le jour où Elkana offrait son sacrifice, il donnait des portions à Peninna, sa femme, et à tous les fils et à toutes les filles qu'il avait d'elle.

1.5

Mais il donnait à Anne une portion double ; car il aimait Anne, que l'Éternel avait rendue stérile.

1.6

Sa rivale lui prodiguait les mortifications, pour la porter à s'irriter de ce que l'Éternel l'avait rendue stérile.

1.7

Et toutes les années il en était ainsi. Chaque fois qu'Anne montait à la maison de l'Éternel, Peninna la mortifiait de la même manière. Alors elle pleurait et ne mangeait point.

1.8

Elkana, son mari, lui disait : Anne, pourquoi pleures-tu, et ne manges-tu pas ? pourquoi ton coeur est-il attristé ? Est-ce que je ne vaux pas pour toi mieux que dix fils ?

1.9

Anne se leva, après que l'on eut mangé et bu à Silo. Le sacrificateur Éli était assis sur un siège, près de l'un des poteaux du temple de l'Éternel.

1.10

Et, l'amertume dans l'âme, elle pria l'Éternel et versa des pleurs.

1.11

Elle fit un vœu, en disant : Éternel des armées ! si tu daignes regarder l'affliction de ta servante, si tu te souviens de moi et n'oublies point ta servante, et si tu donnes à ta servante un enfant mâle, je le consacrerai à l'Éternel pour tous les jours de sa vie, et le rasoir ne passera point sur sa tête.

1.12

Comme elle restait longtemps en prière devant l'Éternel, Éli observa sa bouche.

1.13

Anne parlait dans son cœur, et ne faisait que remuer les lèvres, mais on n'entendait point sa voix. Éli pensa qu'elle était ivre,

1.14

Et il lui dit : Jusques à quand seras-tu dans l'ivresse ? Fais passer ton vin.

1.15

Anne répondit : Non, mon seigneur, je suis une femme qui souffre en son cœur, et je n'ai bu ni vin ni boisson enivrante ; mais je répandais mon âme devant l'Éternel.

1.16

Ne prends pas ta servante pour une femme pervertie, car c'est l'excès de ma douleur et de mon chagrin qui m'a fait parler jusqu'à présent.

1.17

Éli reprit la parole, et dit : Va en paix, et que le Dieu d'Israël exauce la prière que tu lui as adressée !

1.18

Elle dit : Que ta servante trouve grâce à tes yeux ! Et cette femme s'en alla. Elle mangea, et son visage ne fut plus le même.

1.19

Ils se levèrent de bon matin, et après s'être prosternés devant l'Éternel, ils s'en retournèrent et revinrent dans leur maison à Rama. Elkana connut Anne, sa femme, et l'Éternel se souvint d'elle.

1.20

Dans le cours de l'année, Anne devint enceinte, et elle enfanta un fils, qu'elle nomma Samuel, car, dit-elle, je l'ai demandé à l'Éternel.

1.21

Son mari Elkana monta ensuite avec toute sa maison, pour offrir à l'Éternel le sacrifice annuel, et pour accomplir son vœu.

1.22

Mais Anne ne monta point, et elle dit à son mari : Lorsque l'enfant sera sevré, je le mènerai, afin qu'il soit présenté devant l'Éternel et qu'il reste là pour toujours.

1.23

Elkana, son mari, lui dit : Fais ce qui te semblera bon, attends de l'avoir sevré. Veuille seulement l'Éternel accomplir sa parole ! Et la femme resta et allaita son fils, jusqu'à ce qu'elle le sevrât.

1.24

Quand elle l'eut sevré, elle le fit monter avec elle, et prit trois taureaux, un épha de farine, et une outre de vin. Elle le mena dans la maison de l'Éternel à Silo : l'enfant était encore tout jeune.

1.25

Ils égorgèrent les taureaux, et ils conduisirent l'enfant à Éli.

1.26

Anne dit : Mon seigneur, pardon ! aussi vrai que ton âme vit, mon seigneur, je suis cette femme qui me tenais ici près de toi pour prier l'Éternel.

1.27

C'était pour cet enfant que je priais, et l'Éternel a exaucé la prière que je lui adressais.

1.28

Aussi je veux le prêter à l'Éternel : il sera toute sa vie prêtée à l'Éternel. Et ils se prosternèrent là devant l'Éternel.

D. Laprière de Jaebets :

1 Chroniques 4

4.9

Jaebets était plus considéré que ses frères ; sa mère lui donna le nom de Jaebets, en disant : C'est parce que je l'ai enfanté avec douleur.

4.10

Jaebets invoqua le Dieu d'Israël, en disant : Si tu me bénis et que tu étendes mes limites, si ta main est avec moi, et si tu me préserves du malheur, en sorte que je ne sois pas dans la souffrance ! ... Et Dieu accorda ce qu'il avait demandé.

E. Prière du prophète Elie fasse aux prophètes de Baal.

1 Rois 18

Fais maintenant rassembler tout Israël auprès de moi, à la montagne du Carmel, et aussi les quatre cent cinquante prophètes de Baal et les quatre cents prophètes d'Astarté qui mangent à la table de Jézabel.

18.20

Achab envoya des messagers vers tous les enfants d'Israël, et il rassembla les prophètes à la montagne du Carmel.

18.21

Alors Élie s'approcha de tout le peuple, et dit : Jusqu'à quand clocherez-vous des deux côtés ? Si l'Éternel est Dieu, allez après lui ; si c'est Baal, allez après lui ! Le peuple ne lui répondit rien.

18.22

Et Élie dit au peuple : Je suis resté seul des prophètes de l'Éternel, et il y a quatre cent cinquante prophètes de Baal.

18.23

Que l'on nous donne deux taureaux ; qu'ils choisissent pour eux l'un des taureaux, qu'ils le coupent par morceaux, et qu'ils le placent sur le bois, sans y mettre le feu ; et moi, je préparerai l'autre taureau, et je le placerai sur le bois, sans y mettre le feu.

18.24

Puis invoquez le nom de votre dieu ; et moi, j'invoquerai le nom de l'Éternel. Le dieu qui répondra par le feu, c'est celui-là qui sera Dieu. Et tout le peuple répondit, en disant : C'est bien !

18.25

Élie dit aux prophètes de Baal : Choisissez pour vous l'un des taureaux, préparez-le les premiers, car vous êtes les plus nombreux, et invoquez le nom de votre dieu ; mais ne mettez pas le feu.

18.26

Ils prirent le taureau qu'on leur donna, et le préparèrent ; et ils invoquèrent le nom de Baal, depuis le matin jusqu'à midi, en disant : Baal réponds nous ! Mais il n'y eut ni voix ni réponse. Et ils sautaient devant l'autel qu'ils avaient fait.

18.27

A midi, Élie se moqua d'eux, et dit : Criez à haute voix, puisqu'il est dieu ; il pense à quelque chose, ou il est occupé, ou il est en voyage ; peut-être qu'il dort, et il se réveillera.

18.28

Et ils crièrent à haute voix, et ils se firent, selon leur coutume, des incisions avec des épées et avec des lances, jusqu'à ce que le sang coulât sur eux.

18.29

Lorsque midi fut passé, ils prophétisèrent jusqu'au moment de la présentation de l'offrande. Mais il n'y eut ni voix, ni réponse, ni signe d'attention.

18.30

Élie dit alors à tout le peuple : Approchez-vous de moi ! Tout le peuple s'approcha de lui. Et Élie rétablit l'autel de l'Éternel, qui avait été renversé.

18.31

Il prit douze pierres d'après le nombre des tribus des fils de Jacob, auquel l'Éternel avait dit : Israël sera ton nom ;

18.32

Et il bâtit avec ces pierres un autel au nom de l'Éternel. Il fit autour de l'autel un fossé de la capacité de deux mesures de semence.

18.33

Il arrangea le bois, coupa le taureau par morceaux, et le plaça sur le bois.

18.34

Puis il dit : Remplissez d'eau quatre cruches, et versez-les sur l'holocauste et sur le bois. Il dit : Faites-le une seconde fois. Et ils le firent une seconde fois. Il dit : Faites-le une troisième fois. Et ils le firent une troisième fois.

18.35

L'eau coula autour de l'autel, et l'on remplit aussi d'eau le fossé.

18.36

Au moment de la présentation de l'offrande, Élie, le prophète, s'avança et dit : Éternel, Dieu d'Abraham, d'Isaac et d'Israël ! que l'on sache aujourd'hui que tu es Dieu en Israël, que je suis ton serviteur, et que j'ai fait toutes ces choses par ta parole !

18.37

Réponds-moi, Éternel, réponds-moi, afin que ce peuple reconnaisse que c'est toi, Éternel, qui es Dieu, et que c'est toi qui ramènes leur cœur !

18.38

Et le feu de l'Éternel tomba, et il consuma l'holocauste, le bois, les pierres et la terre, et il absorba l'eau qui était dans le fossé.

18.39

Quand tout le peuple vit cela, ils tombèrent sur leur visage et dirent : C'est l'Éternel qui est Dieu ! C'est l'Éternel qui est Dieu !

18.40

Dans tous ces exemples ci-dessus, nous constatons que les prières adressées à Dieu par ces personnages bibliques, et qui ont été exhaussées, ont non seulement manifesté la gloire de Dieu dans leur vie personnelle, mais ont aussi manifesté la gloire de Dieu dans leur entourage, et même dans leur nation.

Chapitre 2. L'exhaussement de la prière un signe de l'existence de Dieu.

Quand nous observons un fil nu qui contient de l'électricité d'au moins 250 volts, le fil ne ressemble à rien d'extraordinaire mais c'est quand on le touche à main nue sans porter de gant protecteur, qu'on reçoit une décharge électrique, c'est en ce moment qu'on réalise la présence du courant. Donc ici la décharge qu'on reçoit est l'indicateur de la présence du courant électrique dans le fil. De même l'exhaussement d'une prière qu'on adresse à Dieu est le témoignage parfait que Dieu existe, c'est pourquoi il exhausse la prière. Dans L'histoire du prophète Elie, et des prophètes de Baal, lorsque le prophète Elie a prié et que le feu est tombé du ciel pour consumer l'holocauste, c'est en ce moment là même que tous ceux qui étaient témoins de cet évènement, ont vu la gloire de Dieu se manifester à l'œil nu, et tous ont rendu gloire à Dieu, car là en direct Dieu lui-même a prouvé son existence en répondant favorablement à la prière de son serviteur Elie. Dans l'exemple d'Anne, quand elle a adressé sa prière à Dieu pour qu'il lui donne un enfant, et qu'elle fut exhaussée par Dieu, Dieu en répondant favorablement, à la prière de sa servante Anne a prouvé qu'il existe ; et qu'il est le Dieu qui fait enfanter les femmes stériles. Tous les autres cas d'exhaussements de prières ci-dessus prouvent l'existence de Dieu.

Chapitre 3. L'origine de la prière.

La prière n'est pas une invention de l'homme ou d'une culture humaine quelconque, car la prière est une institution divine, c'est Dieu lui-même qui est l'auteur de la prière. Dans le livre du prophète Jérémie il dit : Jérémie 33

33.1

La parole de l'Éternel fut adressée à Jérémie une seconde fois, en ces mots, pendant qu'il était encore enfermé dans la cour de la prison :

33.2

Ainsi parle l'Éternel, qui fait ces choses, L'Éternel, qui les conçoit et les exécute, Lui, dont le nom est l'Éternel :

33.3

Invoque-moi, et je te répondrai ; Je t'annoncerai de grandes choses, des choses cachées, Que tu ne connais pas.

Le seigneur Jésus-Christ, dit ceci dans Jean 14

En vérité, en vérité, je vous le dis, celui qui croit en moi fera aussi les œuvres que je fais, et il en fera de plus grandes, parce que je m'en vais au Père ;

14.13

Et tout ce que vous demanderez en mon nom, je le ferai, afin que le Père soit glorifié dans le Fils.

14.14

Si vous demandez quelque chose en mon nom, je le ferai.

La prière est encouragée par Dieu lui-même donc nous ne devons pas avoir honte de prier, ou avoir des doutes concernant la prière.

Beaucoup de versets bibliques nous encouragent à prier.

Quelques versets bibliques qui nous exhortent à la prière :

1 Thessaloniciens 5

5.17

Priez sans cesse.

Ephésiens 6

6.18

Faites-en tout temps par l'Esprit toutes sortes de prières et de supplications. Veillez à cela avec une entière persévérance, et priez pour tous les saints.

Psaumes 50

50.14

Offre pour sacrifice à Dieu des actions de grâces, Et accomplis tes voeux envers le Très Haut.

50.15

Et invoque-moi au jour de la détresse ; Je te délivrerai, et tu me glorifieras.

Matthieu 26

26.41

Veillez et priez, afin que vous ne tombiez pas dans la tentation ; l'esprit est bien disposé, mais la chair est faible.

Romains 12

12.12

Réjouissez-vous en espérance. Soyez patients dans l'affliction. Persévérez dans la prière.

Matthieu 7

7.7

Demandez, et l'on vous donnera ; cherchez, et vous trouverez ; frappez, et l'on vous ouvrira.

Romains 10

10.12

Il n'y a aucune différence, en effet, entre le Juif et le Grec, puisqu'ils ont tous un même Seigneur, qui est riche pour tous ceux qui l'invoquent.

Nous devons prier selon la volonté de Dieu.

Nous entendons souvent des frères et sœurs qui demandent comment faut-il prier selon la volonté de Dieu ? Pour prier selon la volonté de Dieu, il faut connaître les promesses de Dieu, car les promesses de Dieu, sont l'expression de la volonté de Dieu pour son peuple.

Chapitre 4. 62 promesses de Dieu dans la Bible qui peuvent nous aider dans nos prières.

1-Exode 23

23.25

Vous servirez l'Éternel, votre Dieu, et il bénira votre pain et vos eaux, et j'éloignerai la maladie du milieu de toi.

23.26

Il n'y aura dans ton pays ni femme qui avorte, ni femme stérile. Je remplirai le nombre de tes jours.

2-Philippiens 4

4.19

Et mon Dieu pourvoira à tous vos besoins selon sa richesse, avec gloire, en Jésus Christ.

3-Jérémie 29

29.11

Car je connais les projets que j'ai formés sur vous, dit l'Éternel, projets de paix et non de malheur, afin de vous donner un avenir et de l'espérance.

4-Esaïe 41

41.10

Ne crains rien, car je suis avec toi ; Ne promène pas des regards inquiets, car je suis ton Dieu ; Je te fortifie, je viens à ton secours, Je te soutiens de ma droite triomphante.

5-Esaïe 43

43.2

Si tu traverses les eaux, je serai avec toi ; Et les fleuves, ils ne te submergeront point ; Si tu marches dans le feu, tu ne te brûleras pas, Et la flamme ne t'embrasera pas.

6-2 Corinthiens 1

1.20

Car, pour ce qui concerne toutes les promesses de Dieu, c'est en lui qu'est le oui ; c'est pourquoi encore l'Amen par lui est prononcé par nous à la gloire de Dieu.

7-Exode 20

20.12

Honore ton père et ta mère, afin que tes jours se prolongent dans le pays que l'Éternel, ton Dieu, te donne.

8-Esaïe 41

41.13

Car je suis l'Éternel, ton Dieu, Qui fortifie ta droite, Qui te dis: Ne crains rien, Je viens à ton secours.

9-Exode 15

15.26

Il dit : Si tu écoutes attentivement la voix de l'Éternel, ton Dieu, si tu fais ce qui est droit à ses yeux, si tu prêtes l'oreille à ses commandements, et si tu observes toutes ses lois, je ne te frapperai d'aucune des maladies dont j'ai frappé les Égyptiens ; car je suis l'Éternel, qui te guérit.

10-Nombres 23

23.19

Dieu n'est point un homme pour mentir, Ni fils d'un homme pour se repentir. Ce qu'il a dit, ne le fera-t-il pas ? Ce qu'il a déclaré, ne l'exécutera-t-il pas ?

11-Jérémie 1

1.12

Et l'Éternel me dit : Tu as bien vu ; car je veille sur ma parole, pour l'exécuter.

12-Esaïe 55

55.10

Comme la pluie et la neige descendent des cieux, Et n'y retournent pas Sans avoir arrosé, fécondé la terre, et fait germer les plantes, Sans avoir donné de la semence au semeur Et du pain à celui qui mange,

55.11

Ainsi en est-il de ma parole, qui sort de ma bouche : Elle ne retourne point à moi sans effet, Sans avoir exécuté ma volonté Et accompli mes desseins.

55.12

Oui, vous sortirez avec joie, Et vous serez conduits en paix ; Les montagnes et les collines éclateront d'allégresse devant vous, Et tous les arbres de la campagne battront des mains.

55.13

Au lieu de l'épine s'élèvera le cyprès, Au lieu de la ronce croîtra le myrte ; Et ce sera pour l'Éternel une gloire, Un monument perpétuel, impérissable.

13-Romains 4

4.21

Et ayant la pleine conviction que ce qu'il promet il peut aussi l'accomplir.

14-Psaumes 103

103.12

Autant l'orient est éloigné de l'occident, Autant il éloigne de nous nos transgressions.

15-Psaumes 119

119.165

Il y a beaucoup de paix pour ceux qui aiment ta loi, Et il ne leur arrive aucun malheur.

16-Actes 2

2.38

Pierre leur dit : Repentez-vous, et que chacun de vous soit baptisé au nom de Jésus Christ, pour le pardon de vos péchés ; et vous recevrez le don du Saint Esprit.

2.39

Car la promesse est pour vous, pour vos enfants, et pour tous ceux qui sont au loin, en aussi grand nombre que le Seigneur notre Dieu les appellera.

17-Philippiens 4

4.6

Ne vous inquiétez de rien ; mais en toute chose faites connaître vos besoins à Dieu par des prières et des supplications, avec des actions de grâces.

4.7

Et la paix de Dieu, qui surpasse toute intelligence, gardera vos coeurs et vos pensées en Jésus Christ.

4.8

Au reste, frères, que tout ce qui est vrai, tout ce qui est honorable, tout ce qui est juste, tout ce qui est pur, tout ce qui est aimable, tout ce qui mérite l'approbation, ce qui est vertueux et digne de louange, soit l'objet de vos pensées.

4.9

Ce que vous avez appris, reçu et entendu de moi, et ce que vous avez vu en moi, pratiquez-le. Et le Dieu de paix sera avec vous.

18-Esaïe 49

49.25

Oui, dit l'Éternel, la capture du puissant lui sera enlevée, Et le butin du tyran lui échappera ; Je combattrai tes ennemis, Et je sauverai tes fils.

19-Romains 8

8.38

Car j'ai l'assurance que ni la mort ni la vie, ni les anges ni les dominations, ni les choses présentes ni les choses à venir,

8.39

Ni les puissances, ni la hauteur, ni la profondeur, ni aucune autre créature ne pourra nous séparer de l'amour de Dieu manifesté en Jésus Christ notre Seigneur.

20-Psaumes 138

138.7

Quand je marche au milieu de la détresse, tu me rends la vie, Tu étends ta main sur la colère de mes ennemis, Et ta droite me sauve.

21-Malachie 4

4.2

Mais pour vous qui craignez mon nom, se lèvera Le soleil de la justice, Et la guérison sera sous ses ailes ; Vous sortirez, et vous sauterez comme les veaux d'une étable,

22-Romains 8

8.31

Que dirons-nous donc à l'égard de ces choses ? Si Dieu est pour nous, qui sera contre nous ?

8.32

Lui, qui n'a point épargné son propre Fils, mais qui l'a livré pour nous tous, comment ne nous donnera-t-il pas aussi toutes choses avec lui ?

8.33

Qui accusera les élus de Dieu ? C'est Dieu qui justifie !

8.34

Qui les condamnera ? Christ est mort ; bien plus, il est ressuscité, il est à la droite de Dieu, et il intercède pour nous !

8.35

Qui nous séparera de l'amour de Christ ? Sera-ce la tribulation, ou l'angoisse, ou la persécution, ou la faim, ou la nudité, ou le péril, ou l'épée?

23-Matthieu 18

19

Je vous dis encore que, si deux d'entre vous s'accordent sur la terre pour demander une chose quelconque, elle leur sera accordée par mon Père qui est dans les cieux.

24-Psaumes 107

107.13

Dans leur détresse, ils crièrent à l'Éternel, Et il les délivra de leurs angoisses ;

107.14

Il les fit sortir des ténèbres et de l'ombre de la mort, Et il rompit leurs liens.

107.15

Qu'ils louent l'Éternel pour sa bonté, Et pour ses merveilles en faveur des fils de l'homme !

107.16

Car il a brisé les portes d'airain, Il a rompu les verrous de fer.

25-Jacques 1

1.17

Toute grâce excellente et tout don parfait descendent d'en haut, du Père des lumières, chez lequel il n'y a ni changement ni ombre de variation.

26-Luc 11

11.9

Et moi, je vous dis : Demandez, et l'on vous donnera ; cherchez, et vous trouverez ; frappez, et l'on vous ouvrira.

11.10

Car quiconque demande reçoit, celui qui cherche trouve, et l'on ouvre à celui qui frappe.

11.11

Quel est parmi vous le père qui donnera une pierre à son fils, s'il lui demande du pain ? Ou, s'il demande un poisson, lui donnera-t-il un serpent au lieu d'un poisson ?

11.12

Ou, s'il demande un œuf, lui donnera-t-il un scorpion ?

11.13

Si donc, méchants comme vous l'êtes, vous savez donner de bonnes choses à vos enfants, à combien plus forte raison le Père céleste donnera-t-il le Saint Esprit à ceux qui le lui demandent.

27-Malachie 3

3.10

Apportez à la maison du trésor toutes les dîmes, Afin qu'il y ait de la nourriture dans ma maison ; Mettez-moi de la sorte à l'épreuve, Dit l'Éternel des armées. Et vous verrez si je n'ouvre pas pour vous les écluses des cieux, Si je ne répands pas sur vous la bénédiction en abondance.

28-Psaumes 34

34.10

Craignez l'Éternel, vous ses saints ! Car rien ne manque à ceux qui le craignent.

29-Psaumes 86

86.5

Car tu es bon, Seigneur, tu pardonnes, Tu es plein d'amour pour tous ceux qui t'invoquent.

30-Jean 15

15.7

Si vous demeurez en moi, et que mes paroles demeurent en vous, demandez ce que vous voudrez, et cela vous sera accordé.

15.8

Si vous portez beaucoup de fruit, c'est ainsi que mon Père sera glorifié, et que vous serez mes disciples.

31-1 Rois 8

8.56

Béni soit l'Éternel, qui a donné du repos à son peuple d'Israël, selon toutes ses promesses ! De toutes les bonnes paroles qu'il avait prononcées par Moïse, son serviteur, aucune n'est restée sans effet.

32-Luc 18

18.27

Jésus répondit : Ce qui est impossible aux hommes est possible à Dieu.

33-Psaumes 34

34.8

L'ange de l'Éternel campe autour de ceux qui le craignent, Et il les arrache au danger.

34-Jérémie 30

30.17

Mais je te guérirai, je panserai tes plaies, Dit l'Éternel. Car ils t'appellent la repoussée, Cette Sion dont nul ne prend souci.

35-Philippiens 4

4.13

Je puis tout par celui qui me fortifie.

36-Esaïe 40

40.29

Il donne de la force à celui qui est fatigué, Et il augmente la vigueur de celui qui tombe en défaillance.

40.30

Les adolescents se fatiguent et se lassent, Et les jeunes hommes chancellent ;

40.31

Mais ceux qui se confient en l'Éternel renouvellent leur force. Ils prennent le vol comme les aigles ; Ils courent, et ne se lassent point, Ils marchent, et ne se fatiguent point.

37-Michée 7

7.19

Il aura encore compassion de nous, Il mettra sous ses pieds nos iniquités ; Tu jetteras au fond de la mer tous leurs péchés.

38-Exode 14

14.14

L'Éternel combattra pour vous ; et vous, gardez le silence.

39-Jérémie 7

7.5

Si vous réformez vos voies et vos œuvres, Si vous pratiquez la justice envers les uns et les autres,

7.6

Si vous n'opprimez pas l'étranger, l'orphelin et la veuve, Si vous ne répandez pas en ce lieu le sang innocent, Et si vous n'allez pas après d'autres dieux, pour votre malheur,

7.7

Alors je vous laisserai demeurer dans ce lieu, Dans le pays que j'ai donné à vos pères, D'éternité en éternité.

40-Matthieu 11

11.28

Venez à moi, vous tous qui êtes fatigués et chargés, et je vous donnerai du repos.

11.29

Prenez mon joug sur vous et recevez mes instructions, car je suis doux et humble de cœur ; et vous trouverez du repos pour vos âmes.

41-Esaïe 54

54.17

Toute arme forgée contre toi sera sans effet ; Et toute langue qui s'élèvera en justice contre toi, Tu la condamneras. Tel est l'héritage des serviteurs de l'Éternel, Tel est le salut qui leur viendra de moi, Dit l'Éternel.

42-Jérémie 1

1.19

Ils te feront la guerre, mais ils ne te vaincront pas ; car je suis avec toi pour te délivrer, dit l'Éternel.

43-2 Chroniques 7

7.14

Si mon peuple sur qui est invoqué mon nom s'humilie, prie, et cherche ma face, et s'il se détourne de ses mauvaises voies, -je l'exaucerai des cieux, je lui pardonnerai son péché, et je guérirai son pays.

44-Matthieu 7

7.9

Lequel de vous donnera une pierre à son fils, s'il lui demande du pain ?

7.10

Ou, s'il demande un poisson, lui donnera-t-il un serpent ?

7.11

Si donc, méchants comme vous l'êtes, vous savez donner de bonnes choses à vos enfants, à combien plus forte raison votre Père qui est dans les cieux donnera-t-il de bonnes choses à ceux qui les lui demandent.

45-Deutéronome 31

31.8

L'Éternel marchera lui-même devant toi, il sera lui-même avec toi, il ne te délaissera point, il ne t'abandonnera point ; ne crains point, et ne t'effraie point.

46-Matthieu 6

6.31

Ne vous inquiétez donc point, et ne dites pas : Que mangerons-nous ? que boirons-nous? de quoi serons-nous vêtus?

6.32

Car toutes ces choses, ce sont les païens qui les recherchent. Votre Père céleste sait que vous en avez besoin.

6.33

Cherchez premièrement le royaume et la justice de Dieu ; et toutes ces choses vous seront données par-dessus.

47-1 Pierre 5

5.10

Le Dieu de toute grâce, qui vous a appelés en Jésus Christ à sa gloire éternelle, après que vous aurez souffert un peu de temps, vous perfectionnera lui-même, vous affermira, vous fortifiera, vous rendra inébranlables.

48-Psaumes 103

103.1

De David. Mon âme, bénis l'Éternel ! Que tout ce qui est en moi bénisse son saint nom !

103.2

Mon âme, bénis l'Éternel, Et n'oublie aucun de ses bienfaits !

103.3

C'est lui qui pardonne toutes tes iniquités, Qui guérit toutes tes maladies ;

103.4

C'est lui qui délivre ta vie de la fosse, Qui te couronne de bonté et de miséricorde ;

103.5

C'est lui qui rassasie de biens ta vieillesse, Qui te fait rajeunir comme l'aigle.

103.6

49-1 Pierre 5

5.7

Et déchargez-vous sur lui de tous vos soucis, car lui-même prend soin de vous.

50-Ephésiens 3

3.16

Afin qu'il vous donne, selon la richesse de sa gloire, d'être puissamment fortifiés par son Esprit dans l'homme intérieur,

3.17

En sorte que Christ habite dans vos cœurs par la foi ; afin qu'étant enracinés et fondés dans l'amour,

3.18

Vous puissiez comprendre avec tous les saints quelle est la largeur, la longueur, la profondeur et la hauteur,

3.19

Et connaître l'amour de Christ, qui surpasse toute connaissance, en sorte que vous soyez remplis jusqu'à toute la plénitude de Dieu.

3.20

Or, à celui qui peut faire, par la puissance qui agit en nous, infiniment au delà de tout ce que nous demandons ou pensons,

3.21

À lui soit la gloire dans l'Église et en Jésus Christ, dans toutes les générations, aux siècles des siècles ! Amen !

51-Psaumes 27

27.1

De David. L'Éternel est ma lumière et mon salut : De qui aurais-je crainte ? L'Éternel est le soutien de ma vie : De qui aurais-je peur ?

52-Jean 14

14.13

Et tout ce que vous demanderez en mon nom, je le ferai, afin que le Père soit glorifié dans le Fils.

14.14

Si vous demandez quelque chose en mon nom, je le ferai.

53-Néhémie 2

2.20

Et je leur fis cette réponse : Le Dieu des cieux nous donnera le succès. Nous, ses serviteurs, nous nous lèverons et nous bâtirons ; mais vous, vous n'avez ni part, ni droit, ni souvenir dans Jérusalem.

54-Proverbes 3

3.5

Confie-toi en l'Éternel de tout ton cœur, Et ne t'appuie pas sur ta sagesse ;

3.6

Reconnais-le dans toutes tes voies, Et il aplanira tes sentiers.

55-2 Corinthiens 9

9.8

Et Dieu peut vous combler de toutes sortes de grâces, afin que, possédant toujours en toutes choses de quoi satisfaire à tous vos besoins, vous ayez encore en abondance pour toute bonne œuvre,

56-1 Pierre 2

2.24

Lui qui a porté lui-même nos péchés en son corps sur le bois, afin que morts aux péchés nous vivions pour la justice ; lui par les meurtrissures duquel vous avez été guéris.

57-Psaumes 23

23.1

Cantique de David. L'Éternel est mon berger : je ne manquerai de rien.

23.2

Il me fait reposer dans de verts pâturages, Il me dirige près des eaux paisibles.

23.3

Il restaure mon âme, Il me conduit dans les sentiers de la justice, A cause de son nom.

23.4

Quand je marche dans la vallée de l'ombre de la mort, Je ne crains aucun mal, car tu es avec moi : Ta houlette et ton bâton me rassurent.

23.5

Tu dresses devant moi une table, En face de mes adversaires ; Tu oins d'huile ma tête, Et ma coupe déborde.

23.6

Oui, le bonheur et la grâce m'accompagneront Tous les jours de ma vie, Et j'habiterai dans la maison de l'Éternel Jusqu'à la fin de mes jours.

58-Psaumes 121

121.1

Cantique des degrés. Je lève mes yeux vers les montagnes... D'où me viendra le secours ?

121.2

Le secours me vient de l'Éternel, Qui a fait les cieux et la terre.

121.3

Il ne permettra point que ton pied chancelle ; Celui qui te garde ne sommeillera point.

121.4

Voici, il ne sommeille ni ne dort, Celui qui garde Israël.

121.5

L'Éternel est celui qui te garde, L'Éternel est ton ombre à ta main droite.

121.6

Pendant le jour le soleil ne te frappera point, Ni la lune pendant la nuit.

121.7

L'Éternel te gardera de tout mal, Il gardera ton âme ;

121.8

L'Éternel gardera ton départ et ton arrivée, Dès maintenant et à jamais.

59-Psaumes 91

91.1

Celui qui demeure sous l'abri du Très Haut Repose à l'ombre du Tout Puissant.

91.2

Je dis à l'Éternel : Mon refuge et ma forteresse, Mon Dieu en qui je me confie !

91.3

Car c'est lui qui te délivre du filet de l'oiseleur, De la peste et de ses ravages.

91.4

Il te couvrira de ses plumes, Et tu trouveras un refuge sous ses ailes; Sa fidélité est un bouclier et une cuirasse.

91.5

Tu ne craindras ni les terreurs de la nuit, Ni la flèche qui vole de jour,

91.6

Ni la peste qui marche dans les ténèbres, Ni la contagion qui frappe en plein midi.

91.7

Que mille tombent à ton côté, Et dix mille à ta droite, Tu ne seras pas atteint;

91.8

De tes yeux seulement tu regarderas, Et tu verras la rétribution des méchants.

60-Esaïe 54

54.10

Quand les montagnes s'éloigneraient, Quand les collines chancelleraient, Mon amour ne s'éloignera point de toi, Et mon alliance de paix ne chancellera point, Dit l'Éternel, qui a compassion de toi.

61-Jacques 5

5.14

Quelqu'un parmi vous est-il malade ? Qu'il appelle les anciens de l'Église, et que les anciens prient pour lui, en l'oignant d'huile au nom du Seigneur;

5.15

La prière de la foi sauvera le malade, et le Seigneur le relèvera ; et s'il a commis des péchés, il lui sera pardonné.

Luc 10

10.19

Voici, je vous ai donné le pouvoir de marcher sur les serpents et les scorpions, et sur toute la puissance de l’ennemi ; et rien ne pourra vous nuire.

Chapitre 5. Comment prier selon la volonté de Dieu ?

Plusieurs croyants se posent la question de savoir comment prier selon, la volonté de Dieu ? Prier selon la volonté de Dieu, c'est de prier en nous appuyant sur la parole de Dieu ou sur ses promesses. Une illustration parfaite de cet exemple, se trouve dans l'Evangile de Luc que nous lisons : Luc 5

5.1

Comme Jésus se trouvait auprès du lac de Génésareth, et que la foule se pressait autour de lui pour entendre la parole de Dieu,

5.2

Il vit au bord du lac deux barques, d'où les pêcheurs étaient descendus pour laver leurs filets.

5.3

Il monta dans l'une de ces barques, qui était à Simon, et il le pria de s'éloigner un peu de terre. Puis il s'assit, et de la barque il enseignait la foule.

5.4

Lorsqu'il eut cessé de parler, il dit à Simon : Avance en pleine eau, et jetez vos filets pour pêcher.

5.5

Simon lui répondit : Maître, nous avons travaillé toute la nuit sans rien prendre; **mais, sur ta parole, je jetterai le filet.**

5.6

L'ayant jeté, ils prirent une grande quantité de poissons, et leur filet se rompait.

5.7

Ils firent signe à leurs compagnons qui étaient dans l'autre barque de venir les aider. Ils vinrent et ils remplirent les deux barques, au point qu'elles enfonçaient.

Ici la déclaration de L'Apôtre Pierre est très importante car il dit « : Maître, nous avons travaillé toute la nuit sans rien prendre ; mais, **sur ta parole**, je jetterai le filet. » Pierre dit sur ta parole ! Tout enfant de Dieu doit prier sur la parole de Dieu.

Dans le cas de Anne qui était stérile, et qui demanda à Dieu d'intervenir en sa faveur afin qu'elle puisse enfanter, elle a prié avec persévérance parce qu'elle connaissait les promesses de Dieu dans le livre d'Exode chapitre 23 du verset 25 au verset 26 qui disent : «

Vous servirez l'Éternel, votre Dieu, et il bénira votre pain et vos eaux, et j'éloignerai la maladie du milieu de toi.

Il n'y aura dans ton pays ni femme qui avorte, ni femme stérile. Je remplirai le nombre de tes jours. » Anne savait pertinemment que Dieu avait promis aux enfants d'Israël que leurs femmes ne ferons pas de fausses couches, et ne seront pas frappées par la stérilité elle a cru c'est pourquoi elle a persévéré dans la prière jusqu'à ce quelle obtienne un résultat favorable, le prophète Eli a été exhaussé parce qu'il a prié selon la volonté de Dieu, qui était que la gloire du Dieu tout-puissant le Dieu d'Israël, se manifeste aux yeux de tous les enfants d'Israël en faisant ; descendre le feu du ciel par la prière de son serviteur Eli, afin que les enfants d'Israël retourne à Dieu, parce que beaucoup d'entre eux avaient mis leur confiance en Baal. Jaebets aussi savais que Dieu a promis de bénir ses serviteur en pourvoyant à leur besoin afin qu'il ne soit pas dans la disette c'est pourquoi quand il était dans le manque il cria à Dieu et Dieu l'a exhaussé, et a changé sa position en le retira de la poussière de la misère pour le faire assoir avec les grand afin que s'accomplisse cette parole de l'Ecriture :

1 Samuel 22.7

L'Éternel appauvrit et il enrichit, Il abaisse et il élève.

2.8

De la poussière il retire le pauvre, Du fumier il relève l'indigent, Pour les faire asseoir avec les grands. Et il leur donne en partage un trône de gloire ; Car à l'Éternel sont les colonnes de la terre, Et c'est sur elles qu'il a posé le monde.

Prier selon la volonté de Dieu est une grande clé qui nous ouvre les portes des trésors céleste dans 1jean 5 il est écrit : 1 jean 5

5.14

Nous avons auprès de lui cette assurance, que si nous demandons quelque chose selon sa volonté, il nous écoute.

5.15

Et si nous savons qu'il nous écoute, quelque chose que nous demandions, nous savons que nous possédons la chose que nous lui avons demandée.

Le seigneur Jésus-Christ dans le « Notre Père a dit : Matthieu 6

6.9

Voici donc comment vous devez prier : Notre Père qui est aux cieux ! Que ton nom soit sanctifié ;

6.10

Que ton règne vienne ; <u>que ta volonté soit faite sur la terre comme au ciel.</u>

6.11

Donne-nous aujourd'hui notre pain quotidien ;

6.12

Pardonne-nous nos offenses, comme nous aussi nous pardonnons à ceux qui nous ont offensés ;

6.13

Ne nous induis pas en tentation, mais délivre-nous du malin. Car c'est à toi qu'appartiennent, dans tous les siècles, le règne, la puissance et la gloire. Amen !

Dieu le tout-puissant fera toujours sa volonté il est donc important de prier selon la volonté de Dieu, et la volonté de Dieu c'est tout ce que Dieu lui-même nous recommande où nous promet. Je donne des exemples, si nous prions pour demander d'être remplis du Saint-Esprit , nous prions selon la volonté de Dieu car Dieu nous a promis nous baptiser et nous remplir du Saint-Esprit lisons dans

Actes 1

1.1

Théophile, j'ai parlé, dans mon premier livre, de tout ce que Jésus a commencé de faire et d'enseigner dès le commencement

1.2

Jusqu'au jour où il fut enlevé au ciel, après avoir donné ses ordres, par le Saint Esprit, aux apôtres qu'il avait choisis.

1.3

Après qu'il eut souffert, il leur apparut vivant, et leur en donna plusieurs preuves, se montrant à eux pendant quarante jours, et parlant des choses qui concernent le royaume de Dieu.

1.4

Comme il se trouvait avec eux, il leur recommanda de ne pas s'éloigner de Jérusalem, mais d'attendre ce que le Père avait promis, ce que je vous ai annoncé, leur dit-il;

1.5

Car Jean a baptisé d'eau, mais vous, dans peu de jours, vous serez baptisés du Saint Esprit.

1.6

Alors les apôtres réunis lui demandèrent : Seigneur, est-ce en ce temps que tu rétabliras le royaume d'Israël ?

1.7

Il leur répondit : Ce n'est pas à vous de connaître les temps ou les moments que le Père a fixés de sa propre autorité.

1.8

Mais vous recevrez une puissance, le Saint Esprit survenant sur vous, et vous serez mes témoins à Jérusalem, dans toute la Judée, dans la Samarie, et jusqu'aux extrémités de la terre.

1.9

Après avoir dit cela, il fut élevé pendant qu'ils le regardaient, et une nuée le déroba à leurs yeux.

Nous pouvons prier pour que notre ministère porte beaucoup de fruits ; car le seigneur a dit dans :

Matthieu 28

28.19

Allez, faites de toutes les nations des disciples, les baptisant au nom du Père, du Fils et du Saint Esprit,

28.20

Et enseignez-leur à observer tout ce que je vous ai prescrit. Et voici, je suis avec vous tous les jours, jusqu'à la fin du monde.

Nous pouvons prier, pour demander la guérison dans le cas de la maladie :

Psaumes 103

103.1

De David. Mon âme, bénis l'Éternel ! Que tout ce qui est en moi bénisse son saint nom !

103.2

Mon âme, bénis l'Éternel, Et n'oublie aucun de ses bienfaits !

103.3

C'est lui qui pardonne toutes tes iniquités, Qui guérit toutes tes maladies ;

103.4

C'est lui qui délivre ta vie de la fosse, Qui te couronne de bonté et de miséricorde ;

103.5

C'est lui qui rassasie de biens ta vieillesse, Qui te fait rajeunir comme l'aigle.

Nous pouvons demander la protection à Dieu, contre les forces du mal et contre tout danger et pour notre voyage et tous nos déplacements :

Psaumes 121

121.1

Cantique des degrés. Je lève mes yeux vers les montagnes... D'où me viendra le secours ?

121.2

Le secours me vient de l'Éternel, Qui a fait les cieux et la terre.

121.3

Il ne permettra point que ton pied chancelle ; Celui qui te garde ne sommeillera point.

121.4

Voici, il ne sommeille ni ne dort, Celui qui garde Israël.

121.5

L'Éternel est celui qui te garde, L'Éternel est ton ombre à ta main droite.

121.6

Pendant le jour le soleil ne te frappera point, Ni la lune pendant la nuit.

121.7

L'Éternel te gardera de tout mal, Il gardera ton âme ;

121.8

L'Éternel gardera ton départ et ton arrivée, Dès maintenant et à jamais.

Nous pouvons demander à Dieu de pourvoir à tous nos besoins, les finances, un dortoir, le foyer, le travail, la nourriture etc.

Philippiens 4

4.6

Ne vous inquiétez de rien ; mais en toute chose faites connaître vos besoins à Dieu par des prières et des supplications, avec des actions de grâces.

4.7

Et la paix de Dieu, qui surpasse toute intelligence, gardera vos cœurs et vos pensées en Jésus Christ.

Nous pouvons demander à Dieu le succès dans nos études, pour nos concours et examens et la recherche d'un emploi etc. Néhémie 2

2.20

Et je leur fis cette réponse : Le Dieu des cieux nous donnera le succès. Nous, ses serviteurs, nous nous lèverons et nous bâtirons ; mais vous, vous n'avez ni part, ni droit, ni souvenir dans Jérusalem.

Psaumes 60

60.14

Avec Dieu, nous ferons des exploits ; Il écrasera nos ennemis.

Chapitre 6. Prier avec foi.

Hébreux 11

11.1

Or la foi est une ferme assurance des choses qu'on espère, une démonstration de celles qu'on ne voit pas.

11.2

Pour l'avoir possédée, les anciens ont obtenu un témoignage favorable.

11.3

C'est par la foi que nous reconnaissons que le monde a été formé par la parole de Dieu, en sorte que ce qu'on voit n'a pas été fait de choses visibles.

11.4

C'est par la foi qu'Abel offrit à Dieu un sacrifice plus excellent que celui de Caïn ; c'est par elle qu'il fut déclaré juste, Dieu approuvant ses offrandes ; et c'est par elle qu'il parle encore, quoique mort.

11.5

C'est par la foi qu'Énoch fut enlevé pour qu'il ne vît point la mort, et qu'il ne parut plus parce Dieu l'avait enlevé ; car, avant son enlèvement, il avait reçu le témoignage qu'il était agréable à Dieu.

11.6

Or sans la foi il est impossible de lui être agréable ; car il faut que celui qui s'approche de Dieu croie que Dieu existe, et qu'il est le rémunérateur de ceux qui le cherchent.

11.7

C'est par la foi que Noé, divinement averti des choses qu'on ne voyait pas encore, et saisi d'une crainte respectueuse, construisit une arche pour sauver sa famille ; c'est par elle qu'il condamna le monde, et devint héritier de la justice qui s'obtient par la foi.

11.8

C'est par la foi qu'Abraham, lors de sa vocation, obéit et partit pour un lieu qu'il devait recevoir en héritage, et qu'il partit sans savoir où il allait.

11.9

C'est par la foi qu'il vint s'établir dans la terre promise comme dans une terre étrangère, habitant sous des tentes, ainsi qu'Isaac et Jacob, les cohéritiers de la même promesse.

11.10

Car il attendait la cité qui a de solides fondements, celle dont Dieu est l'architecte et le constructeur.

11.11

C'est par la foi que Sara elle-même, malgré son âge avancé, fut rendue capable d'avoir une postérité, parce qu'elle crut à la fidélité de celui qui avait fait la promesse.

11.12

C'est pourquoi d'un seul homme, déjà usé de corps, naquit une postérité nombreuse comme les étoiles du ciel, comme le sable qui est sur le bord de la mer et qu'on ne peut compter.

2 Corinthiens 5

5.7

Car nous marchons par la foi et non par la vue,

La foi ce n'est pas seulement croire que Dieu existe, c'est croire que ce que Dieu dit, dans sa parole il le fera. Quand Anne, Jaebets, le roi Ezeckias, le prophète Elie ont vu, leur prière exhaussée par Dieu, c'est parce qu'ils ont eu foi en Dieu, ils ont cru fermement que Dieu exhausserait leur prière. Dans 2 Corinthiens 5 au verset 7 il est écrit : « Car nous marchons par la foi et non par la vue, » signifie que les enfants de Dieu ne marchent pas selon les principes de ce monde, mais qu'ils vivent en basant leur vie désormais sur la parole de Dieu, ils orientent leur vie selon les principes de Dieu, et non les principes de ce monde ; ils sont dirigés par chaque parole sortie de la bouche de Dieu.

Chapitre 7. La persévérance dans la prière.

Une chose est de prier, une autre est de persévérer dans la prière ,beaucoup sont ceux qui prient et qui lorsqu'ils ne voient pas , de résultats immédiats disent , ce n'est pas la volonté de Dieu c'est pourquoi je ne suis pas exhaussé, ou bien se découragent et abandonnent. Dans les évangiles, il ya des exemples de persévérance dans la prière qui doivent nous interpeller l'exemple de Barthimée, nous le lisons dans :

Marc 10

10.46

Ils arrivèrent à Jéricho. Et, lorsque Jésus en sortit, avec ses disciples et une assez grande foule, le fils de Timée, Bartimée, mendiant aveugle, était assis au bord du chemin.

10.47

Il entendit que c'était Jésus de Nazareth, et il se mit à crier ; Fils de David, Jésus aie pitié de moi !

10.48

Plusieurs le reprenaient, pour le faire taire ; mais il criait beaucoup plus fort ; Fils de David, aie pitié de moi !

10.49

Jésus s'arrêta, et dit : Appelez-le. Ils appelèrent l'aveugle, en lui disant : Prends courage, lève-toi, il t'appelle.

10.50

L'aveugle jeta son manteau, et, se levant d'un bond, vint vers Jésus.

10.51

Jésus, prenant la parole, lui dit : Que veux-tu que je te fasse ? Rabbouni, lui répondit l'aveugle, que je recouvre la vue.

10.52

Et Jésus lui dit : Va, ta foi t'a sauvé.

10.53

Aussitôt il recouvra la vue, et suivit Jésus dans le chemin.

Nous remarquons que Bartimée ne s'est pas laisser aller à l'abandon, quand il criait à Jésus-Christ pour obtenir sa guérison, malgré les paroles de découragement qu'il entendait de la part de ceux qui voulaient l'empêcher d'être entendu par Jésus, quand il criait au secours, il persévérait dans sa prière et Jésus-Christ entendit ses cris et le guéri de sa cécité. Quelle foi ! Quel courage ! Et quelle persévérance ! Dieu cherche de telles personnes, des serviteurs de Dieu et des servantes de Dieu qui peuvent crier avec confiance à Dieu, avec courage et persévérance pour voir la gloire de Dieu éclater dans leurs vies personnelles et dans leurs nations.

Dans notre monde contemporain, des hommes et des femmes ont crié à Dieu, et Dieu les a exhaussés et ils ont bouleversé leur époque ; et leurs prières continuent de porter beaucoup de fruits dans le monde.

John Knox-1915-1972.

John Knox a marqué l'Ecosse son pays natal, par ses prières qui étaient très efficaces de sorte que la reine Victoria en son temps a dit et je cite : « Je ne crains aucune armée dans le monde, mais je crains les prières de John Knox

John Buynian 1628-1988.

L es prière de John Buynian, dérangeaient tellement le royaume des puissances des ténèbres, qu'un jour pendant qu'il priait son encrier s'est levé tout seul et l'a frappé dans le dos.

Hudson Taylor1832-1905.

Hudson Taylor s'est rendu en chine, comme jeune missionnaire sa persévérance dans la prière, a porté beaucoup de fruit qu'aujourd'hui des millions de chinois se sont convertis au christianisme.

David Yonngi Cho 1936-2021.

David Yonngi Cho a commencé une petite église en 1958, en Corée Du Sud aujourd'hui des milliers de sud coréen, sont convertis au christianisme, David Yonggi Cho est celui qui a apporté le réveil en Corée du Sud.

Katrynn Kulman1907-1976.

Katrynn Kulman, a marqué les Etats-Unis, et le monde évangélique en particulier, par la puissance du Saint-Esprit qui agissait par des miracles, de guérison et de délivrance pendant ses croisades, de prières. Katryn Kulman pouvait passer, beaucoup de temps à prier dans sa chambre.

Chapitre 8. La puissance de l'unité dans la prière.

Avant que les 120 disciples qui étaient réunis dans la chambre haute, ne reçoivent le baptême du Saint-Esprit ils étaient dans une intense prière d'ensemble, n'est-il pas écrit dans : Matthieu 18

19

> Je vous dis encore que, si deux d'entre vous s'accordent sur la terre pour demander une chose quelconque, elle leur sera accordée par mon Père qui est dans les cieux.

La prière nous rend efficace individuellement, et elle nous rend efficace collectivement. Nous avons vu dans les chapitres précédents comment des hommes et des femmes ont démontré l'efficacité de la prière quand ils ont élevé la voix vers Dieu. Du temps du Célèbre prédicateur Charles Spurgeon, des étudiants d'une école biblique, ayant entendu parlé de lui, se sont rendu dans son église s'était pendant l'été, ils arrivèrent dans la cour de l'église et ils virent un homme avec une apparence simple qui était là devant eux et ils s'approchèrent de ce dernier le saluèrent gentiment, et l'informèrent aussitôt qu'ils étaient des étudiants à l'institut biblique et qu'ils voudraient rencontrer le prédicateur Spurgeon, alors souriant le monsieur les invitèrent à visiter la salle de chauffage de l'église, ils étaient forts surpris car c'était en plein été et ce monsieur leur parle de salle de chauffage ! Ils l'ont suivi, et ils descendirent dans un endroit souterrain, aussitôt il ouvrit la porte qui conduisait dans une salle et il leur dit : « voici la salle de chauffage de l'église. ». Il y avait environ 700 personnes qui étaient entrain de prier pour le culte prochain, leur surprise fut plus grande encore quand ils surent que c'était Charles Spurgeon lui-même qui étaient avec eux. Dans ce témoignage nous voyons que ce qui faisait la force de Charles Spurgeon, la puissance de ses prédications, et le réveil de son église c'était la prière. Aux Etats-Unis il y a de cela quelques années, une fillette souffrait d'un cancer terminal beaucoup de communautés se sont réunies pour prier afin que Dieu intervienne, et le miracle a eu lieu elle fut totalement guérie du cancer. Dans mon livre baptême de feu je vous ai rendu le témoignage de cet homme de Dieu qui s'est réunis avec son assemblée pendant 10 jours dans la prière entrain de rechercher le Saint-Esprit et au dixième jour ce fut un véritable boom ! Le Saint-Esprit est descendu avec une grande puissance à tel enseigne que des gens poussés par l'Esprit de Dieu venaient dans l'église pour se confesser et il eut beaucoup de conversions de délivrances et de guérisons et le réveil est venu dans l'église. Quelle force quand l'église s'unit dans la prière Nous devons faire de la prière notre vie, car un croyant qui n'a pas une vie de prière, une église qui n'a pas une vie de prière va vers la mort spirituelle. Nous devons prier en tout temps nous devons faire des sacrifices pour avoir une vie de prière. Quand pour ma part j'ai découvert que le seigneur jésus pria toute la nuit, j'ai imité le seigneur, dans Luc 6-12, que nous lisons,

Luc 6

6.12

En ce temps-là, Jésus se rendit sur la montagne pour prier, et il passa toute la nuit à prier Dieu.

Quand j'ai fait cette expérience pour la première fois, j'ai prié toute la nuit, après la prière, j'ai entendu des anges chanté, c'est ainsi que ma vie de prière va prendre de l'envol, une autre fois j'étais seul dans l'église et j'ai prié toute la nuit ,et pendant que je priais quelqu'un est venu m'imposer les mains sur ma tête la puissance était tellement forte , que je n'arrivais pas à bouger je suis resté là jusqu'à ce qu'il enlève ses mains sur ma tête quand je me relevai je vis que j'étais seul.

Un homme de Dieu canadien, nous a rendu un témoignage extraordinaire dans lequel il a fallu prier de 8h du matin jusqu'à 14h de l'après midi afin qu'une jeune femme soit délivrée totalement de l'esprit de la drogue. La parole de Dieu nous encourager à prier en tcut temps, et à persévérer dans la prière car une prière persévérante est très efficace, et renverse toujours des forteresses, et rapproche Dieu de son peuple, et le peuple de son Dieu.

Conclusion

Frères et sœurs la prière nous met en contact direct avec Dieu c'est pourquoi puisons en lui toutes nos ressources afin de sentir toujours sa présence auprès de nous et avec nous pour faire des exploits avec lui et renverser toutes forteresses.

Quelques Psaumes de prières

Psaumes 38

38.1

Psaume de David. Pour souvenir.

38.2

Éternel ! ne me punis pas dans ta colère, Et ne me châtie pas dans ta fureur.

38.3

Car tes flèches m'ont atteint, Et ta main s'est appesantie sur moi.

38.4

Il n'y a rien de sain dans ma chair à cause de ta colère, Il n'y a plus de vigueur dans mes os à cause de mon péché.

38.5

Car mes iniquités s'élèvent au-dessus de ma tête ; Comme un lourd fardeau, elles sont trop pesantes pour moi.

38.6

Mes plaies sont infectes et purulentes, Par l'effet de ma folie.

38.7

Je suis courbé, abattu au dernier point ; Tout le jour je marche dans la tristesse.

38.8

Car un mal brûlant dévore mes entrailles, Et il n'y a rien de sain dans ma chair.

38.9

Je suis sans force, entièrement brisé ; Le trouble de mon cœur m'arrache des gémissements.

38.10

Seigneur ! tous mes désirs sont devant toi, Et mes soupirs ne te sont point cachés.

38.11

Mon cœur est agité, ma force m'abandonne, Et la lumière de mes yeux n'est plus même avec moi.

38.12

Mes amis et mes connaissances s'éloignent de ma plaie, Et mes proches se tiennent à l'écart.

38.13

Ceux qui en veulent à ma vie tendent leurs pièges ; Ceux qui cherchent mon malheur disent des méchancetés, Et méditent tout le jour des tromperies.

38.14

Et moi, je suis comme un sourd, je n'entends pas ; Je suis comme un muet, qui n'ouvre pas la bouche.

38.15

Je suis comme un homme qui n'entend pas, Et dans la bouche duquel il n'y a point de réplique.

38.16

Éternel ! c'est en toi que j'espère ; Tu répondras, Seigneur, mon Dieu !

38.17

Car je dis : Ne permets pas qu'ils se réjouissent à mon sujet, Qu'ils s'élèvent contre moi, si mon pied chancelle !

38.18

Car je suis près de tomber, Et ma douleur est toujours devant moi.

38.19

Car je reconnais mon iniquité, Je suis dans la crainte à cause de mon péché.

38.20

Et mes ennemis sont pleins de vie, pleins de force ; Ceux qui me haïssent sans cause sont nombreux.

38.21

Ils me rendent le mal pour le bien ; Ils sont mes adversaires, parce que je recherche le bien.

38.22

Ne m'abandonne pas, Éternel ! Mon Dieu, ne t'éloigne pas de moi !

38.23

Viens en hâte à mon secours, Seigneur, mon salut !

O Dieu ! aie pitié de moi dans ta bonté ; Selon ta grande miséricorde, efface mes transgressions ;

51.4

Lave-moi complètement de mon iniquité, Et purifie-moi de mon péché.

51.5

Car je reconnais mes transgressions, Et mon péché est constamment devant moi.

51.6

J'ai péché contre toi seul, Et j'ai fait ce qui est mal à tes yeux, En sorte que tu seras juste dans ta sentence, Sans reproche dans ton jugement.

51.7

Voici, je suis né dans l'iniquité, Et ma mère m'a conçu dans le péché.

51.8

Mais tu veux que la vérité soit au fond du cœur : Fais donc pénétrer la sagesse au dedans de moi !

51.9

Purifie-moi avec l'hysope, et je serai pur ; Lave-moi, et je serai plus blanc que la neige.

51.10

Annonce-moi l'allégresse et la joie, Et les os que tu as brisés se réjouiront.

51.11

Détourne ton regard de mes péchés, Efface toutes mes iniquités.

51.12

O Dieu ! crée en moi un cœur pur, Renouvelle en moi un esprit bien disposé.

51.13

Ne me rejette pas loin de ta face, Ne me retire pas ton esprit saint.

51.14

Rends-moi la joie de ton salut, Et qu'un esprit de bonne volonté me soutienne !

Psaumes 23

23.1

Cantique de David. L'Éternel est mon berger : je ne manquerai de rien.

23.2

Il me fait reposer dans de verts pâturages, Il me dirige près des eaux paisibles.

23.3

Il restaure mon âme, Il me conduit dans les sentiers de la justice, A cause de son nom.

23.4

Quand je marche dans la vallée de l'ombre de la mort, Je ne crains aucun mal, car tu es avec moi : Ta houlette et ton bâton me rassurent.

23.5

Tu dresses devant moi une table, En face de mes adversaires ; Tu oins d'huile ma tête, Et ma coupe déborde.

23.6

Oui, le bonheur et la grâce m'accompagneront Tous les jours de ma vie, Et j'habiterai dans la maison de l'Éternel Jusqu'à la fin de mes jours.

Psaumes 121

121.1

Cantique des degrés. Je lève mes yeux vers les montagnes... D'où me viendra le secours ?

121.2

Le secours me vient de l'Éternel, Qui a fait les cieux et la terre.

121.3

Il ne permettra point que ton pied chancelle ; Celui qui te garde ne sommeillera point.

121.4

Voici, il ne sommeille ni ne dort, Celui qui garde Israël.

121.5

L'Éternel est celui qui te garde, L'Éternel est ton ombre à ta main droite.

121.6

Pendant le jour le soleil ne te frappera point, Ni la lune pendant la nuit.

121.7

L'Éternel te gardera de tout mal, Il gardera ton âme ;

121.8

L'Éternel gardera ton départ et ton arrivée, Dès maintenant et à jamais.

Printed by Books on Demand GmbH, Norderstedt / Germany